대법원 전원합의체의
거의 모든 것
1

대법원 전원합의체의 거의 모든 것

1

갈등이 설득으로 바뀌는 순간

이범준 지음

궁리
KungRee

읽어 두기 —

판결문은 그대로 옮겼다. 사건 당사자 실명은 감췄다. 띄어쓰기는 본문에 맞추어 통일했다. 판결의 띄어쓰기를 일부 수정했다. 판결문의 괄호를 제거한 곳이 있다. 문장을 삭제한 자리에는 생략부호를 넣었다. 드물게 판결문의 조사 등을 고친 경우가 있다. 권순일 대법관은 출판 시점에 전직이지만 대법관으로 썼다. 현직으로 참여한 판결에 관한 인터뷰라는 점을 고려했다. 서면·대면 인터뷰는 2020년 11월에 시작해 2021년 10월에 마무리됐다. 법정의견은 대법원의 공식 결론이다. 별개의견은 결론은 같지만 이유가 다른 것이다. 다수의견은 최다 대법관이 참여한 의견이다. 따라서 다수의견이 법정의견이 아닐 수도 있다. 하지만 대부분 사건에서 다수의견이 법정의견이다. 소수의견은 참여 대법관 수가 최다가 아닌 경우다. 대법원 판결에서 얘기하는 원심(原審)은 이의가 제기된 판결 즉 항소심을 가리킨다.

프롤로그

·

노무현 정부 마지막 해인 2007년 기간제 노동자를 보호하기 위한 기간제법이 시행됐다. "2년을 초과하여 기간제 근로자로 사용하는 경우 기간의 정함이 없는 근로계약을 체결한 근로자로 본다"고 기간제 및 단시간근로자 보호 등에 관한 법률은 정했다. 그런데 1년 11개월째에 계약을 종료하는 일이 속출했다. 기간제법이 오히려 기간제 노동자를 위협한다며 법을 없애 달라는 얘기까지 나왔다. 부조리를 기간제법 10년째인 2016년 대법원이 해결했다. "근로관계를 둘러싼 여러 사정을 종합하여 볼 때 근로계약이 갱신된다는 신뢰관계가 형성되어 있어 근로자에게 그에 따라 근로계약이 갱신될 수 있으리라는 정당한 기대권이 인정되는 경우에 근로계약의 갱신을 거절하는 것은 부당해고와 마찬가지로 아무런 효력이 없고, 이 경우 기간만료 후의 근로관계는 종전의 근로계약이 갱신된 것과 동일하다." 기간제 노동자가 갱신기대권이라는 권리를 갖도록 만든 사람이 권순일 대법관이다.

나는 문학을 공부하고 20대에 신문기자가 됐다. 내성적이라서인지 사람 만나는 일이 생각보다 힘들었다. 그러다 법조를 담당하게 됐는데, 취재원을 만나지 않는 시간에는 법서를 읽었다. 그렇게라도 해야 일을 한다는 느낌이 들었다. 시와 소설만 읽어 온 나에게 법은 전혀 다른 세계였다. 시인 정현종은 사람들 사이에 섬이 있다고 알려 줬는데, 민법은 사람과 사람 사이에 계약이 있다고 선언했다. 소설과 시로 가득하던 책장이 헌법과 민법으로 채워지기 시작했다. 기사를 쓰는 이상, 시간을 가장 많이 들인 것은 판례 읽기였다. 하지만 스스로 판례를 평가하기가 어려워 미국과 일본의 판결을 참고하기 시작했다. 이를 계기로 미국 연방대법원, 일본 최고재판소, 독일 헌법재판소, 유럽인권재판소, 남아공 헌법재판소 등을 찾아 대법관과 재판관을 인터뷰했다. 어느 곳에서든 구체적 타당성과 이론적 정합성 사이에서 고민하고 있었다. 현실을 배려하지 않은 논리는 시민에게 외면당했고, 논리로 무장하지 못한 결론은 금세 뒤집혔다.

개인과 사회의 갈등을 매듭짓는 최후 수단이 최고법원 판결이다. 물론 최후 수단이 최고 수단은 아니다. 하지만 현대 민주주의 국가에서 최후 수단은 언제나 사법이다. 다수의 의지로는 해결하지 못하는 갈등을 치유하는 장치이다. 사법은 논리에 기반하며 논리는 일관성에서 나온다. 사안들을 관통하는 논리만이 상대를 설득한다. 이와 달리 여론과 입법에는 일관성을 요구하지 않는다. 권력의 원천인 주권은 이유를 요구받지 않는다. 가령 사람마다 불법체류 노동자가 노동조합을 만들 수 있는지에 관해 의견이 있고, 부부가 어떤 경우에 혼인관계를 끝낼 수 있는지에 관해서도 생각이 있다. 각각 어느 결론을 지지하든 시민과 의회에는 이유가 필요치 않다. 그러나 사법은 치밀한 논리적 근거를 일관성에 기반해 밝혀야 한다. 이것이 민주적 정당성 없는 최고법원에 헌법이 권력과 함께 부여한 의무이다. 노동자와 배우자에게 어떠한 공통점과 차이점이 있는지 오로지 문장으로 밝혀내는 게 사법이다.

대법원은 1년 동안 7만여 건을 다룬다. 사건 대부분은 대법관 네명으로 구성되는 소부(小部)에서 해결한다. 특별히 중요한 20~30건만 대법관 열두 명 전원과 대법원장이 참여하는 전원합의체에서 결론 낸다. 소부는 만장일치로 끝나고 전원합의체는 소수의견을 남긴다. 10개 전원합의체 판결에서 찬성과 반대로만 입장을 선택해도 1024가지 입장이 나올 수 있다. 하지만 열세 명 최고법관은 몇 가지 패턴 안에 있다. 대부분 사건에서 다수의견인 대법관이 적지 않고, 반대로 대체로 소수의견인 대법관도 있다. 결국 대법원의 입장이 되거나 여기에 반대하는 입장이 된다. 여러 사안을 관통하는 대법관 개인의 논리는 보이지 않는다. 21세기에 재임한 대법관 가운데 독특하게 입장을 드러낸 한 사람이 권순일이다. 그와 모든 전원합의체 사건에서 의견이 같았던 대법관은 없고, 그나마 비슷했던 경우라도 합치 비율이 높지 않다. 무엇보다 권순일 대법관이 주심인 경우 소수의견에서 출발해 다수의견으로 끝난 경우가 많다. 대법관들을 설득해 낸 것이다.

이 책은 21세기 전원합의체 판결 10개를 다뤘다. 사건마다 사회적 배경과 대법원 결론을 살피고 판결에 참여한 권순일 대법관의 설명을 기록했다. 애초 18개 사건을 분석하고 인터뷰했다가 쟁점이 비슷한 사건을 추리고 지나치게 이론적인 사건은 버렸다. 대신 전원합의체 판결과 관련 있는 소부 판결과 하급심 판결을 소개했다. 다른 대법관들 인터뷰로 시리즈는 계속된다. 이 책들을 통해 이 나라 젊은 독자들이 대법원 전원합의체를 이해하고 나아가 사회와 일상에서 상대를 설득하는 능력과 수용하는 마음까지 갖게 되기를 기원한다. 일상도 사회도 갈등이 설득으로 바뀌는 그 순간을 위해.

2022년 봄날,

법과대학 연구실에서

차례

1장

인공수정

DNA가 부녀관계를 의심한다

과학기술의 발전으로 인공수정을 비롯한 보조생식에 관한 의학기술이 급격하게 진전됨에 따라 기존의 민법 규정과 종래의 법리로는 해결할 수 없는 윤리적 문제와 법적 과제에 새롭게 직면하게 되었다. 종전에는 난임 또는 불임으로 자녀를 가질 수 없었던 사람들이 보조생식 기술의 도움을 받아 부모가 될 수 있는 기회를 가지게 되었고 이를 통하여 출생한 자녀의 친자관계를 어떻게 규율할 것인가 하는 것이 그 대표적인 예이다. ― 본문에서

송 아무개 씨는 아들이 친생자가 아닌 것을 확인해 달라는 소를 제기했다. 열여섯 살인 아들은 부인의 혼외관계로 태어났다. 아들은 자신이 친생자가 아니라는 사실을 부모의 협의이혼 과정에서야 알았다. 송 씨는 결혼 28년 만인 2013년 부인과 협의이혼하기로 했다. 권리관계를 정리하는 이행각서, 친권을 포기한다는 각서도 작성했다. 그러다 협의이혼 확인 신청을 취하하고 친생자관계 부존재 확인소를 냈다. 아들은 자신이 친자가 아니라는 사실을 이 무렵에야 알았다. 이혼 문제를 두고 아버지와 어머니가 다투는 소리를 듣고 알

았다. 송 씨의 청구를 1·2심 법원은 받아들이지 않았다. 친생자가 아니라는 사실을 오래전에 알았고, 지금까지 자식으로 인정해 가족으로 살았기 때문이라고 했다. 대법원도 받아들이지 않았다. "아들이 초등학교 5학년 무렵이던 2008년경에는 병원 검사를 통하여 아들이 자신의 친자가 아니라는 사실을 이미 알고 있었던 것으로 보인다. 그런데도 이 사건 소를 제기할 무렵까지 오랜 기간 아들이 친생자로 출생신고된 사실에 관하여 문제 삼지 않은 채 아들과 동거하면서 아버지로서 아들을 보호·교양해 왔다. 친생부인 사유가 있음을 안 날부터 2년 내에 친생부인의 소를 제기하여 친생자임을 부인하는 판결을 받지 않은 이상 친생자관계존부확인의 소로써 친생자관계의 부존재 확인을 구하는 것은 부적법하다." 이와 관련해 민법은 '친생부인의 소는 그 사유가 있음을 안 날부터 2년 내에 이를 제기하여야 한다'고 제847조 제1항에서 정하고 있다.

나의 어머니가 누구인지는 임신과 출산이란 사실 때문에 명확하지만 아버지는 그렇지 못하다. 아버지를 정하는 방법을 민법에 정해 두었다. 우선 어머니의 남편이 나의 아버지다. 아내가 혼인 중에 임신한 자녀는 남편의 자녀로 추정한다(제844조 제1항). 이것이 이른바 친생추정이다. 어머니에게 남편이 없으면 생부가 인지하거나 자녀가 인지를 청구해서 정한다. 혼인 외의 출생자는 그 생부나 생모가 이를 인지할 수 있다(제855조). 부 또는 모를 상대로 하여 인지청구의 소를 제기할 수 있다(제863조). 그런데 유전자 검사 기술이 발전하면서 친생자를 확인할 수 있게 됐다. 하지만 민법은 기존의 친생추정 조항을 폐지하지 않았다. 가족은 혈연공동체를 기반으로 하지만, 동시에 정서공동체이고 사회공동체이기 때문이라는 이유다. 가족은 자연이 아니라 제도라는 것이다. 여기에 문제를 제기한 것이 권순일 대법관 등의 별개의견이다.

친생추정은 민법 제844조 제1항에 나오는데 이를 확정한 것은 1983년 대법원 판결이다. 친생추정의 예외를 밝혀서 친생추정의 테두리를 확정했다. '외관상 명백한 사유'가 있다면 친생추정이 미치지 않는다고 했다. "부부의 한쪽이 장기간에 걸쳐 해외에 나가 있거나 사실상의 이혼으로 부부가 별거하고 있는 경우 등 동서(同棲)의 결여로 처가 부(夫)의 자를 포태할 수 없는 것이 외관상 명백한 사정이 있는 경우에는 그 추정이 미치지 않는다."[1] 이 해석을 변경해야 한다면서 권순일 대법관은 앞서 헌법재판소 결정을 먼저 끌어온다. 친생추정과 관련한 다른 민법 조항을 판단하면서 내놓은 내용이다. "친생추정의 기준이 지나치게 불합리하거나 그로부터 벗어날 수 있는 방법이 지나치게 제한적이어서 진실한 혈연관계에 반하는 친자관계를 강요하는 것이라면, 이는 입법 형성의 한계를 넘어서는 것으

---

[1] 대법원 1983. 7. 12. 선고 82므59 판결.

로서 위헌이라 아니할 수 없다."² 1983년 대법원 해석이 이제는 위헌 상태가 됐다는 것이 권순일 대법관 별개의견의 주장이다.

'외관상 명백한 사정'은 더 이상 친생추정과 예외를 가르는 기준이 되지 못한다는 것이다. "혼인관계의 파탄부터 이혼의 효력이 발생할 때까지의 기간은 길어져 여성이 남편이 아닌 남자의 자를 임신하여 출산할 가능성이 증가하였다. 부부의 일방이 장기간 원격지나 해외에서 거주하거나 부부가 모두 서로 다른 외국에 거주하면서 혼인생활을 영위하는 경우도 적지 않다"고 권순일 대법관 등의 별개의견은 설명한다. 그리고 바로 유전자 검사다. "무엇보다도 유전자 검사 기술의 발달로 과학적 친자감정이 어렵지 않게 되었다. 과학적 친자감정으로 혈연관계가 없다는 점을 직접 증명할 수 있게 된 오늘날의 상황에서 '동거의 결여'라는 외관 또는 형식에 의하여 혈연관계 부존재를 간접 증명하도록 한 후 이에 의하여 친생추정 규정의 적용을 제한할 필요성은 거의 사라지게 되었다고 보아도 과언이 아니다." 친생추정이라는 제도를 전면적으로 유지한다면 또 모르겠지만, '외관상 명백한 사정'을 이유로 예외를 인정하는데, 유전자 검사만큼 명백한 사정이 어디 있느냐는 것이다.

2 헌법재판소 2015. 4. 30. 선고 2013헌마623 전원재판부 결정.

　　　　1장 인공수정

이렇게 해서, 가족의 본질적 기반이 여전히 생물적 혈연관계가 맞냐고 묻는다. "법률상 친자관계 내지 가족관계는 여전히 생물학적 혈연관계에서 출발하고 있다고 할 수 있으나, 생물학적 혈연관계와 무관한 사회적 친자관계 내지 가족관계도 이미 우리 사회의 전통 속에 존재하고 오늘날의 사회 제도 안에서 보다 다양한 방식으로 수용·인정되고 있다." 그리고 주장한다. "친자법의 이념과 자녀의 신분관계의 조속한 확정 및 법적 안정이라는 친생추정 및 친생부인 규정의 취지에 비추어 보면, 친생추정의 예외 인정의 필요성은 자녀의 복리 관점에서 검토되어야 한다." 그래서 내놓은 새로운 기준이 '사회적 친자관계 형성' 여부다. 이것으로 '외관상 명백한 사유'를 대신하자는 것이다. "남편과 자녀 사이에 혈연관계가 없음이 과학적으로 증명되고 그들 사이에 사회적 친자관계가 형성되지 않았거나 파탄된 경우에는 친생추정의 예외로서 그 친자관계를 부정할 수 있다고 할 것이나, 혈연관계가 없음이 과학적으로 증명되었더라도 사회적 친자관계가 형성되어 있는 경우에는 함부로 친생추정 예외의 법리로써 친자관계를 부정할 수 없다."

친생추정은 자녀의 신분상 지위를 조속하게 확정하려는 것이어서 이른 시일에 친생부인 소를 제기해야만 친생추정을 깰 수 있다.[3]

---

3   윤진수, 『친족상속법 강의』 제2판, 박영사, 2018, 160쪽.

사유가 있다는 것을 안 날부터 2년이다. 이에 송 씨는 제소 기한 제한이 없는 친생자관계 부존재 확인 소를 제기했다. 이 소송으로는 친생추정은 뒤집지 못한다. 친생추정이 없는 친생자관계만 해소할 수 있다. 가령 허위의 친생자 출생신고가 있었던 경우 등이다. 대법원 다수의견은 송 씨의 경우 친생추정이 되므로 친생부인 소를 제기해야 했는데 그 기한인 2년이 지났다며 각하했다. 그런데 별개의견은 다른 이유로 각하했다. 혈연적 친자관계가 아닐지 몰라도 사회적 친자관계가 살아 있다고 했다. "오랜 기간 동안 자신이 아들과 생물학적 혈연관계가 없음을 알면서도 친자관계를 유지하여 왔다. 아들은 원고와 혈연관계가 없다는 사정을 알고도 원고와 친자관계를 유지하고자 하는 의사를 가지고 있으며 현재까지 자신의 생부가 누구인지 알고 있지 않다. 여전히 원고를 자신의 아버지로 생각하며 원고가 자신의 아버지로 남아 주기를 바라면서 이 사건 청구를 다투고 있다." 가족의 기준을 바꿔야 한다는 것이다.

송 씨가 제기한 친생자관계 부존재 확인 소의 상대 즉 피고는 둘째인 아들 외에 첫째인 딸도 있다. 부인이 제3자에게 정자를 받아 임신하고 출산했다. 무정자증 진단을 받은 송 씨 동의를 얻었다. 다수의견은 송 씨의 딸도 친생추정 예외가 아니라고 했다. "인공수정 자녀에 대해서도 친생부인이 소를 제기할 수 있다고 하다면 친생자관계는 생물학적인 혈연으로 결정된다는 것을 전제로 하는 것으로서

인공수정을 통한 친자관계의 형성을 부정하는 결과가 된다." 친생추정은 과학적 한계가 아니라 사회적 선택이고, 그래서 2017년 민법 개정 때도 남겨 둔 것이라고 했다. "혼인 중 출생한 자녀의 부자관계는 민법 규정에 따라 일률적으로 정해지는 것이고 그 혈연관계를 개별적·구체적으로 심사하여 정해지는 것이 아니다. 이와 같은 친생추정 규정 형식은 2017. 10. 31. (민법이) 개정될 때에도 그대로 유지되었다." 친생추정을 축소하더라도 의회 몫이라는 헌법재판소 결정도 인용한다. "'법률적인 친자관계를 진실에 합치시키고자 하는 부부·자녀의 이익'과 '친자관계의 신속한 확정을 통하여 법적 안정을 찾고자 하는 자녀의 이익'을 사회 현실이나 전통 관념에 맞게 어떻게 조화시킬 것인가에 관한 문제이다. 원칙적으로 입법자의 재량에 맡겨져 있다."[4]

권순일 대법관은 딸 부분에도 별개의견을 냈다. 이번에도 다수의견과 결론은 같지만 이유가 다르다. 의사(意思) 이론을 제시한다. "인공수정 자녀의 출생 과정에서 남편과 아내가 진정한 의사의 합치로 보조생식술의 시행에 동의하였다면, 이는 개인적으로나 사회적으로 출생할 자녀의 부모가 될 의사로써 자녀에 대한 부모로서의 책임을 인수한다는 의미를 가진다. 혼인 중인 남편과 아내가 인공수

---

[4] 헌법재판소 2015. 4. 30. 선고 2013헌마623 전원재판부 결정.

정 자녀의 출생에 관하여 의사가 합치되어 이를 토대로 제3자의 정자를 제공받아 인공수정이라는 보조생식 시술에 동의함으로써 자녀가 출생하였다면 그 자녀는 그 부부의 친생자로 보아야 한다. 남편과 아내의 합치된 의사 및 시술에 대한 동의를 사후적으로 번복하는 것은 허용될 수 없다. 이는 인간의 존엄과 가치에 대한 헌법적 결단과 친자관계에 관한 민법의 기본질서 및 선량한 풍속에 반하는 것이기 때문이다." 추정된 친생자가 아니라, 그냥 친생자라는 얘기다.

권순일 대법관은 이런 선택을 해야 하는 시대적 배경을 판결에서 설명했다. "과학기술의 발전으로 인공수정을 비롯한 보조생식에 관한 의학기술이 급격하게 진전됨에 따라 가족법 분야에서도 친생자에 관한 민법 규정의 전제가 되는 사회적·문화적 배경 자체가 변화되었고 이에 따라 기존의 민법 규정과 종래의 법리로는 해결할 수 없는 윤리적 문제와 법적 과제에 새롭게 직면하게 되었다. 종전에는 난임 또는 불임으로 자녀를 가질 수 없었던 사람들이 보조생식 기술의 도움을 받아 부모가 될 수 있는 기회를 가지게 되었고 이를 통하여 출생한 자녀의 친자관계를 어떻게 규율할 것인가 하는 것이 그 대표적인 예다. 과거에는 이른바 '운명의 문제'이던 것이 오늘날에는 '선택의 문제'로 바뀌었고 이에 따른 윤리적·사회적 책임의 공론화가 시급한 실정이다. 유전자 검사 기술의 발달로 친생추정 규정 적용의 전제가 되는 부자관계에서 혈연관계의 불확실성이라는 사정 역시 더 이상 존재할 수 없게 되었다. 다수의견처럼 부자관계를 확정하는 데 모자관계와 달리 친생추정이나 인지 등과 같은 별도의 법적 요건이 필요하다고 볼 것이 아니다. 이제는 인공수정을 통한 자녀의 출생을 희망한 남편과 아내의 '의사'에 대한 법적 평가와 그 책임 한계를 진지하게 논의할 시점이다."

이 판결에는 별개의견을 견제하는 다수의견 보충의견이 있다. "법률 제정 당시 입법자가 전혀 예상하지 못한 사안이라는 이유만으로 기존 법률의 적용 또는 유추적용 여부를 세심하게 검토하지 않은 채 법 형성이 필요한 사안으로 단정하고 새로운 법리로 해결하려고 하는 것은 바람직하지 않다." 이에 맞서는 내용이 권순일 대법관이 참여한 별개의견에 있다. "법원으로서는 문제가 된 사태의 해결을 위하여 이에 관련되는 헌법 규정 및 다른 법령과의 관계, 법이 추구하고자 하는 기본적인 가치와 사회 일반의 보편적인 법의식 등을 종합적으로 고려하여 이 사건을 해결하는 데 가장 적합한 분쟁 해결 기준, 즉 '구체적이고 역사적인 법'을 형성하는 과정을 거쳐 사법권을 행사하여야 한다."

시간은 흐르는 것이 아니라

"국회에 법률 개정을 촉구하고 입법되기를 기다려 재판을 한다거나, 현행법으로는 상고기각이 불가피하다고 판시하는 방법도 있기는 합니다. 그런데 대법원은 이 사건의 원심이 옳은지 판단해야 합니다. 판단은 사법의 의무입니다. 더구나 기본권이 걸린 문제, 특히 아동의 출생등록 권리와 같은 것은 (사법의 문을 두드린 이상) 소홀히 다룰 수 없는 것입니다. '지연된 정의는 정의가 아니다'라는 법언이 가리키는 대표적인 사안이었습니다." — 본문에서

일본 영화감독 고레에다 히로카즈(是枝裕和)는 가족이란 무엇인지 여러 영화에서 묻습니다. 그가 쓴 에세이집에 세 살 난 딸과 겪은 이야기가 나옵니다. 신작 영화 연출 때문에 한 달 반 만에 집에 들어갔다고 합니다. 어색한 분위기에서 하루를 보내고 다음 날 외출하는데, 딸이 "또 놀러 오세요"라고 인사했답니다. "피가 이어져 있다는 것만으로는 소용이 없다. 3년이란 시간은 금세 리셋됐다"고 감독은 적었습니다.[5] 그리고 연출한 영화가 〈그렇게 아버지가 된다(そして

---

5 是枝裕和, 『歩くような速さで』, ポプラ社, 2013, 4頁。

父になる〉〉(2013)입니다. 6년 동안 키운 아들이 친생자가 아니라 병원에서 바뀐 아이라는 것을 알게 된 두 가족 이야기입니다. 고레에다 감독은 오즈 야스지로(小津安二郎) 감독 영화를 대학 시절부터 좋아해, 가마쿠라에 있는 묘에도 자주 찾아갔다고 합니다. "오즈 감독에게 시간은 흐르는 것이 아니라 쌓이는 것"이라고 여러 인터뷰에서 말했습니다. 고레에다 감독에게도 가족이란 시간의 축적이라고 사람들이 말합니다.

시간을 중요하게 이야기하기는 다수의견과 별개의견이 마찬가지입니다. 다수의견은 혈연이 기본이지만 시간의 무게를 무시하지 못한다는 기존 이론을 고수하고, 권순일 대법관이 참여한 별개의견은 의사(意思)라는 새로운 관점을 기존 이론에 추가합니다. 다수의견은 별개의견이 사법의 역할을 넘어 입법을 한다고 보고, 별개의견은 다수의견이 해석이라는 사법의 역할을 다하지 않는다고 생각합니다. 권순일 대법관 이야기입니다. "가족법 분야는 사회의 기본인 가족관계를 규율합니다. 관습, 전통, 법감정을 토대로 하는 가장 보수적인 분야입니다. 따라서 가족법 해석도 문언에 충실해야 합니다. 그렇지만 현실에서는 민법 가운데 가장 자주 개정된 분야가 가족법입니다. 헌법재판소와 법원도 적극적으로 기존 관습을 바꾸어 왔습니다. 사회·경제적 변화와 양성평등 이념 강화가 크게 영향을 미쳤다고 생각합니다. 우리 사회의 급변과 고민을 나타내기도 합니다."

가족법이 실은 법률도 해석도 자주 바뀌었다고 합니다.

대법원은 이 사건을 두고 공개변론을 열었습니다. 결론을 정하기 위해서보다 가족의 본질을 논의하기 위해서였습니다. 권순일 대법관 인터뷰. "보통은 대법관 네 명이 심리하는 소부에서 의견일치를 이루지 못했거나, 소부에서 의견이 일치됐더라도 다른 대법관들이 이견이 있으면 전원합의체에 회부합니다. 하지만 이 사건은 상고를 접수해 검토한 재판연구관실에서 중요성, 사회·경제적 파장, 법리 연구 필요성 등을 감안해 전원합의체에서 심리하자고 했습니다. 특히 인공수정과 친자관계는 우리나라에서 처음 제기되는 문제였습니다. 민법 제정 당시에는 상상하지 못한 새로운 상황이었습니다. 국회가 법률을 손보지 않는 상황에서 대법원이 공론장을 마련해 법률 개정을 촉구하고, 다른 한편 여러 분야 전문가가 의견을 밝히고 법리 논쟁을 벌이도록 해 해결 방안을 모색하려는 목적이었습니다." 다수의견도 별개의견도 상고기각이라는 결론은 같았기에, 공개변론에서 대법관들이 자신들의 결론을 국민에게 설득하려는 목적은 그다지 크지 않았던 셈입니다. 대법관들이 질문하는 이유에는 자기 입장을 시민에게 설득하려는 것도 있습니다.

권순일 대법관이 파악한 사건의 본질은 무엇일까요. "남편과 아내가 인공수정에 합의해 자녀를 출산한 이 사건에서 법률문제는 비교적 단순합니다. 그래서 다수의견은 '아내가 혼인 중에 임신한 자녀는 남편의 자녀로 추정한다'는 민법 제844조 제1항으로 해결하려고 합니다. 그런데 만약 남편이 제3자 정자 제공을 동의하고 아내가 난자를 제공, 의료진 시술로 대리모가 출산한 경우 친생자관계를 어떻게 정할까요? 이 경우에도 민법 제844조 제1항이 적용된다고 다수의견은 말할 수 있을까요? 실제로 이러한 사건이 우리나라 법원에 있었는데 상고심까지 올라오지 않아 대법원이 판단하지 않았을 뿐입니다. 별개의견은 입법이 해결하지 않고 있는 새로운 사회현상을 직시하고, 이를 어떻게 해결할지 논의하는 것이 올바른 법적 접근이라고 지적한 것입니다." 이어 말합니다. "입법이 이뤄질 때까지는 법원이 헌법 정신, 법체계 전반, 관련 법 규정 취지를 감안해 법의 흠결을 보충하는 것이 불가피한 경우가 있는데, 이 사건이 대표적입니다."

어떤 흠결이 민법 가족법 분야에 있는지 물었습니다. "혈연관계를 과학적으로 증명하는 것이 불가능한 시절이 있었습니다. 모자관계는 사실을 확인해 정하지만 부자관계는 그렇지 못했습니다. 그래서 혼인관계에서 출생한 자녀는 남편의 자녀라고 추정하고, 예외적으로 소송으로 번복할 수 있게 했습니다. 민법 제844조 친생추정과 제846조 친생추정 부인의 소라는 법적 장치입니다. 이는 원칙적으로 혈연관계를 확실하게 하려는 것입니다. 법적 안정성이라는 일부

제한이 있기는 하지만 근본은 그렇습니다. 그런데 민법에는 양자관계처럼 당사자 의사로 부모·자녀 관계를 정하는 장치도 있습니다. 문제는 이러한 법적 장치를 만들어야 했던 과학적 한계라는 전제가 기술의 발전으로 사라졌다는 것입니다. 별개의견은 인공수정이 부부 합의로 이뤄지기 때문에 추정 대상이 아니라고 지적합니다. 남녀의 합의에 터 잡은 출산을 법적으로 어떻게 평가할지의 문제로 보고 있습니다."

권순일 대법관은 이러한 의견을 자신이 주심인 소부 사건에서 실현했습니다. 중국인 여성과 사실혼관계에서 아이를 낳은 한국인 아버지가 2018년 친생자 출생신고를 했지만, 주민센터에서 거부했습니다. 이와 관련해 혼인 외 출생자 출생신고는 어머니가 합니다. 아버지가 한다면 인지 효력도 함께 생기게 됩니다. 인지는 자녀라고 인정해 법률상 친자관계를 만드는 것입니다. 혼외자의 경우에도 어머니는 임신과 출산이라는 사실로 명확하지만, 아버지는 이렇게 가족관계등록법에 규정된 절차로 정해집니다. 출생자의 아버지가 출생신고를 하려면 어머니가 유부녀가 아니라는 서류가 필요합니다. 그렇지 않으면 친생추정 등을 통해 아버지가 두 사람이 되는 문제가 생기기 때문입니다. 그런데 이 중국인 어머니는 유부녀가 아니라는 서류를 뗄 수가 없었습니다. 중국에서 여권을 갱신해 주지 않아 일본 정부가 발행한 여행증명서로 입국한 난민이었습니다. 난민임을 증명하는 서류가 있었지만 주민센터는 유부녀가 아님을 증명하는 서류가 아니라고 했습니다.

이들 부부는 가정법원을 찾았습니다. 2015년 만들어진 이른바 사랑이법, 즉 가족관계등록법 제57조 제2항에 따라 출생신고를 받아 달라고 했습니다. '모가 공적 서류 등에 의하여 특정될 수 없는 경우에는 부의 등록기준지 또는 주소지 가정법원 확인을 받아 신고를 할 수 있다'는 내용입니다. 이 조항 전에는 어머니가 아이를 낳고 잠적한 경우 아버지 혼자서는 출생신고를 하지 못했습니다. 이런 아이는 필수 예방접종부터 받지 못합니다. 건강보험 혜택이 없어서 병에 걸리거나 다쳐도 치료받기가 어렵습니다. 아동수당도 받지 못하고, 학교에도 다니지 못합니다. 출생기록이 없다 보니 불법입양, 인신매매 등 범죄에 쉽게 노출됩니다. 그래서 생긴 조항이 사랑이법입니다. 그런데 가정법원은 사실혼인 중국인 어머니와 한국인 아버지 사이에서 태어난 아이 출생신고를 받아 주지 않았습니다. 사랑이법에서 정한 것과 다르게 중국인 어머니가 공적인 서류로 특정이 된다는 이유였습니다. 항고를 해도 마찬가지였습니다.

권순일 대법관이 주심인 소부에서 사건을 뒤집어 출생등록을 해 주라고 결정했습니다. 권순일 대법관 인터뷰. "이 사건을 검토한 연구관 보고서는 심리불속행 기각 의견이었습니다. 특별한 법률적인 쟁점이 없을 때 대법관 심리를 생략하고 기각하는 것입니다. 하지만 대한민국 국민으로 태어난 어린이가 출생등록이 되지 않아 법의 보호 밖에 있는데, 수수방관하는 것은 옳지 않다는 분노가 올라왔습니다. 연구관실에 심층검토를 지시했습니다. 그사이 직접 사건을 살핀 잠정 결론은 사랑이법 규정은 입법 목적·의도를 달성하려는 수단이지만 불충분하고 불완전하다는 것입니다. 이런 경우 앞서 전원합의체 판결 별개의견에서도 지적했듯이 법 규정에 흠결이 있는 경우이므로 해석으로 보충해야 합니다. 그래서 이른 결론은 가족관계등록법 제57조 제2항이 규정한 사유는 예시이므로, 거기에 국한될 것은 아니라는 것입니다. 이 결론에 배치되는 대법원 선례는 없었고, 하급심 선례는 나뉘어 있었습니다. 소부 대법관 전원이 동의했습니다."

판결에는 이렇게 적혀 있습니다. 참고로 여기에 나오는, 이 사건 조항은 사랑이법 규정, 사건본인은 신생아, 신청인은 아버지를 가리킵니다. "이 사건 조항의 취지, 입법연혁, 관련 법령의 체계 및 아동의 출생등록될 권리의 중요성을 함께 살펴보면, 그 문언에 기재된 '모의 성명·등록기준지 및 주민등록번호를 알 수 없는 경우'는 예시적인 것이므로, 이 사건과 같이 외국인인 모의 인적 사항은 알지만 자신이 책임질 수 없는 사유로 출생신고에 필요한 서류를 갖출 수 없는 경우 또는 모의 소재불명이나 모가 정당한 사유 없이 출생신고에 필요한 서류 발급에 협조하지 않는 경우 등과 같이 그에 준하는 사정이 있는 때에도 적용된다고 해석하는 것이 옳다. 유전자 검사 결과 등에 의하면, 사건본인은 신청인의 친딸임을 인정할 수 있다. 사건본인의 모는 중국 당국으로부터 여권의 효력을 정지당하는 바람에 서류를 구비하지 못하였다. 이는 모가 외국인으로 자신이 책임질 수 없는 사유로 출생신고에 필요한 서류를 갖출 수 없는 경우로서 이 사건 조항의 적용 범위에 포함된다." 유전자 검사라는 명백한 사실과 이를 모른 체하는 법률 사이의 부조리를, 대법원 결단으로 해결한 것입니다.

이 판결을 반영한 가족관계등록법 개정안이 국회에서 잇따라 발의됐고, 2021년 법률이 바뀌었습니다. 국회가 설명한 개정이유에는, 법원 판결에 맞춰 법을 바꾼다고 돼 있습니다. 앞서 친생자가 아님을 확인해 달라는 전원합의체 사건에서, 별개의견은 입법이라고 비판한 다수의견을 무색하게 합니다. 개정이유는 이렇습니다. "2020년 대법원은 현행 제57조 제2항에 기재된 요건은 예시적인 것에 불과하므로 그에 준하는 사정이 있는 때에도 부가 혼인 외 자녀에 대해 출생신고를 할 수 있는 것으로 확대 해석하는 것이 옳다는 판시를 하였는바, 이와 같은 대법원 판례의 취지를 반영하여 '모의 성명 · 등록기준지 및 주민등록번호의 전부 또는 일부를 알 수 없어 모를 특정할 수 없는 경우' 외에 '모가 공적 서류 · 증명서 · 장부 등에 의하여 특정될 수 없는 경우'에도 미혼부가 모를 특정하지 않고 혼외자에 대한 출생신고를 할 수 있도록 하(여), 아동의 '출생등록될 권리'가 보다 실효적으로 보장될 수 있도록 하려는 것임." '출생등록될 권리'는 권순일 대법관이 만든 권리이고 용어입니다.

권순일 대법관의 마무리 얘기입니다. "국회에 법률 개정을 촉구하고 입법되기를 기다려 재판을 한다거나, 현행법으로는 상고기각이 불가피하다고 판시하는 방법도 있기는 합니다. 그런데 대법원은 이 사건의 원심이 옳은지 판단해야 합니다. 판단은 사법의 의무입니다. 더구나 기본권이 걸린 문제, 특히 아동의 출생등록 권리와 같은 것은 (사법의 문을 두드린 이상) 소홀히 다룰 수 없는 것입니다. '지연된 정의는 정의가 아니다'라는 법언이 가리키는 대표적인 사안이었습니다."

———— **이 장에서 살펴본 판결·결정** ————

대법원 2010. 10. 20. 선고 2016므2610 전원합의체 판결 – 친생부인 소송

· 대법원 2020. 6. 8.자 2020스575 결정 – 출생등록 권리

2장

변호사들

무죄가 나오면 1억 원을 내라

항소심 판결에 이의를 제기한 사람은 성공보수로 6000만 원을 주게 된 허 씨, 4000만 원을 돌려주고 6000만 원만 받게 된 변호사 모두였다. 그러다 허 씨가 상고를 취하했다. 변호사만 상고한 셈이 됐다. 대법원은 변호사 주장대로 4000만 원도 돌려주지 않아도 되는지만 판단하면 됐다. 허 씨도 6000만 원은 주겠다는 입장이기 때문이다. 그런데 사건이 전원합의체로 올라갔고 대법관 전원일치로 형사 성공보수를 인정한 기존 판례를 뒤집었다. 판결 취지는 성공보수 1억 원이 모두 무효라는 것이다. ― 본문에서

사기 혐의로 기소된 한 아무개 씨는 1심에서 징역 2년형을 선고받고 구속됐다. 항소를 제기하면서 1심 변호사와 다시 계약했다. 착수금 2000만 원에, 성공보수로 보석 허가 6000만 원, 무죄 판결 1억 원을 주기로 했다. 여기에 10% 부가가치세도 주기로 했다. 한 씨는 보석됐고 무죄를 받았다. 하지만 성공보수를 주지 않았고, 변호사는 민사소송을 걸었다. 법원은 한 씨에게 6600만 원과 1억 1000만 원 모두 1억 7600만 원을 주라고 2014년 판결했다.[6] 이처럼 보석과 무죄를 결정하는 법원 스스로 형사 성공보수를 당연하게 여겼다. 대한

변호사협회 형사사건 수임약정서 양식에 성공보수가 기본으로 들어 있었다. '영장이 기각된 때, 무죄 선고가 있을 때, 선고유예 또는 집행유예 선고가 있을 때, 벌금형 이하 선고가 있을 때, 구형량보다 형이 경감된 때' 등 11개 항목에 금액을 적게 했다. 성공보수 계약은 중간에 해지할 수도 없었다. '위임사무처리를 위해 상당한 노력이 투입된 후 정당한 사유 없이 위임계약을 해지하는 경우, 위에 정한 성과보수를 지급한다'는 내용이 양식에 있었다.

이러한 성공보수 계약은 일본과 한국에만 있다. 독일, 미국, 영국, 프랑스, 유럽연합(EU) 등에서는 성공보수 계약을 하지 않거나, 못하게 했다. 독일은 연방변호사법에서 성공보수 약정을 금지한다.[7] 성공보수는 의회가 법률로 제한하기 전에도 금지였다. 19세기 말 명예법원, 20세기 초 제국대법원이 무효라고 했다. 변호사라는 직업과 지위에서 있을 수 없는 계약이라는 이유다. 2006년 독일 연방헌법재판소가 성공보수 금지조항을 위헌이라고 했지만, 이때도 예외 없이 모두 막은 부분이 문제였다. 성공보수 금지 자체는 합헌이었다. 지금은 당사자가 형편이 어려워 성공보수 약정을 해야만 권리를 지킬 수 있는 경우에 예외적으로 가능하다.[8] 미국에서는 민사사

---

6 서울중앙지법 2014. 10. 30. 선고 2014가합4496 판결.
7 Bundesrechtsanwaltsordnung (BRAO) § 49b Vergütung.
8 박경재, '변호사의 성공보수약정의 금지논리와 그 한계', 『부산대학교 법학연구』 제51권 제

건에서만 성공보수 약정이 가능하다. 형사사건, 가사사건, 입법로비 부분에서 성공보수가 금지돼 있다. 미국변호사협회(American Bar Association · ABA) 윤리장전은 형사사건과 가사사건 성공보수를 전면 금지하고 있다.[9] 이러한 금지를 연방법원과 주법원 판례도 받아들여 형사사건 등에서 성공보수 약정은 무효라고 본다. 가사사건에서 성공보수 약정이 금지되는 이유는 이혼이나 별거를 부당하게 조장하고, 당사자 사이의 화해를 방해하거나 배우자와 자녀의 생활에 쓰여야 할 자금이 변호사에게 넘어가기 때문이다.[10] 일본에 성공보수 약정이 있지만 한국과는 사정이 다르다. 복잡한 사건에서 무죄를 받아도 성공보수는 100만 엔 정도다. 2021년 일본 로펌 규모 13위[11] 도라노몬 법률경제사무소 형사사건 성공보수[12]를 보면 이렇다. 보석 10만 엔, 불기소 30만 엔, 무죄(간단하지 않은 사건) 80만 엔, 무죄(복잡한 사건) 100만 엔이다. 성공보수도 착수금도 많이 받지 못한다. 형사재판은 돈벌이 수단이 아니라는 사회 분위기가 이유다. 2017년 지방재판소 형사사건 99.5%에 변호사가 있었는데 국선이 83.8%, 사선이 20.8%이다.[13·14] 참고로 2017년 한국 1심 형사공판 피고인 52.9%에게 변호사가 있었고 국선이 31.6%, 사선이 21.3%다.[15]

4호, 2010, 478~479쪽.

9 Model Rules of Professional Conduct, Client-Lawyer Relationship, Rule 1.5: Fees.

10 대법원 2015. 7. 23. 선고 2015다200111 판결 보도자료.

11 2021年全国法律事務所ランキング200 (www.jurinavi.com).

12 報酬等について, 虎ノ門法律経済事務所 (www.t-leo.com/customer/criminal/fee).

허 아무개 씨는 2009년 아버지가 절도 혐의로 긴급체포돼 구속되자 변호사를 선임했다. 1000만 원을 착수금으로 건네면서 형사소송 선임약정서에 서명했다. 성공사례금 항목에 '석방조건 사례비 지급하되, 추후 약정하기로 함'이라고 썼다. 아버지가 보석을 허가받았고, 이듬해 징역 3년에 집행유예 5년을 받아 확정됐다. 재판이 끝나고 허 씨는 그사이 변호사에게 준 1억 원을 내놓으라는 소송을 냈다. 담당 판사에게 청탁하는 데 쓰라고 건넨 것인데, 그렇게 쓰지 않았으니 돌려 달라고 했다. 이에 변호사는 성공보수로 받은 것이라고 했다. 그러자 허 씨는 설령 성공보수라 해도 지나치게 많은 부분은 무효이니 돌려 달라고 했다. 대법원 판례에 따른 주장이었다. 대법원은 "의뢰인과의 평소부터의 관계, 사건 수임의 경위, 착수금의 액수, 사건처리의 경과와 난이도, 노력의 정도, 소송물의 가액, 의뢰인이 승소로 인하여 얻게 된 구체적 이익과 소속 변호사회의 보수 규정, 기타 변론에 나타난 제반 사정을 고려하여 약정된 보수액이 부당하게 과다하여 신의성실의 원칙이나 형평의 원칙에 반한다고 볼 만한 특별한 사정이 있는 경우에는 예외적으로 상당하다고 인정되는 범위 내의 보수액만을 청구할 수 있다고 보아야 한다"고 했다.[16]

---

13 日本弁護士連合会, 刑事事件全般にわたる弁護人の関与状況, 『弁護士白書』 2018年版, 93頁.

14 사선변호인과 국선변호인을 동시에 선임한 경우 각각 합계에 포함. 同一被告人に対し私選弁護人及び国選弁護人が選任された場合には重複して計上している.

15 법원행정처, 형사공판사건 변호사 선임 피고인수, 『사법연감』 2018, 604쪽.

허 씨가 제기한 소송에서 1심 법원은 1억 원이 과다하지 않다고 했는데, 2심에서는 6000만 원이 적절하다며 4000만 원을 돌려주라고 했다. 재판부마다 저 나름 적절한 성공보수를 계산했다. 이런 2심 판결이 잘못됐다며 변호사가 대법원으로 사건을 가지고 갔다.

권순일 대법관이 주심이 됐다. 사실 항소심 판결에 이의를 제기한 사람은 성공보수로 6000만 원을 주게 된 허 씨, 4000만 원을 돌려주고 6000만 원만 받게 된 변호사 모두였다. 그러다 허 씨가 상고를 취하했다. 변호사만 상고한 셈이 됐다. 대법원은 변호사 주장대로 4000만 원도 돌려주지 않아도 되는지만 판단하면 됐다. 허 씨도 6000만 원은 주겠다는 입장이기 때문이다. 그런데 사건이 전원합의체로 올라갔고 대법관 전원일치로 형사 성공보수를 인정한 기존 판례를 뒤집었다. 판결 취지는 성공보수 1억 원이 모두 무효라는 것이다. 하지만 허 씨가 이의를 제기하지 않았기 때문에, 변호사는 6000만 원을 받게 됐다. 대법원 판결은 형사사건에서 변호사 성공보수 계약을 전면 무효로 만들었다. 변호사단체는 판결에 강하게 반발했다. 대한변호사협회는 "성공보수 제도가 변호사 100년의 역사에서 인정받은 것은 변호사가 최선의 결과를 얻기 위해 노력하는 담보로서의 역할을 해 왔기 때문이다. 이런 상황에서 대법원이 성공보수의

---

16 대법원 2009. 7. 9. 선고 2009다21249 판결.

부정적 측면만 보고 변호사의 공익적 지위를 형식적으로 내세워 성공보수를 인정해 온 기존의 판결을 뒤집고 성공보수 약정 전부를 반사회적 행위로 보아 무효라고 판단한 것은 무리한 형식논리적 해석이다"[17]라고 했다. 판결을 취소해 달라는 헌법소송을 제기하기도 했다. 소송은 헌법재판소에서 각하됐다.[18]

   권순일 대법관이 집필한 판결은 이렇다. "변호사가 위임사무의 처리에 대한 대가로 받는 보수는 수임인인 변호사와 위임인인 의뢰인 사이의 자유로운 합의에 의하여 결정되는 것이 원칙이다. 하지만 형사소송은 국가형벌권을 실현하는 절차로서 당사자의 생명, 신체의 자유, 명예 등과 밀접한 관련성을 가지고 있으므로 변호사 직무의 공공성과 윤리성이 다른 사건에서보다 더욱 절실히 요구된다. 따라서 형사사건에 관한 변호사의 보수는 단순히 사적 자치의 원칙에 입각한 변호사와 의뢰인 사이의 대가 수수관계로 맡겨 둘 수만은 없다. 형사사건에 관한 변호사의 보수 중에서도 의뢰인이 위임사무의 처리 결과에 따라 또는 사건 해결의 성공 정도에 따라 변호사에게 특별한 보수를 지급하기로 약속하는 이른바 '성공보수 약정'은 여러 가지 부작용과 문제점을 안고 있고, 형사 절차나 법조 직역 전반에

---

17 대한변호사협회 성명서, 대법원은 사법불신의 원인을 잘못 파악한 판결을 조속히 폐기하라, 2015년 7월 24일.
18 헌법재판소 2018. 8. 30. 선고 2015헌마784 전원재판부 결정.

대한 신뢰성이나 공정성의 문제와도 밀접하게 연관되어 있기 때문에 그 법적 효력에 관하여 면밀한 검토가 필요하다." 기본적으로 계약은 자유이지만, 국가가 관여하는 경우가 있다. 흔하게는 노동계약에 국가가 법률로 개입하고, 극단적으로 장기매매 계약은 국가가 금지한다.

형사사건에서 이른바 성공이 변호사 노력의 대가인지 대법원은 묻는다. "형사사건의 통상적인 성공보수 약정에서 정한 '성공'에 해당하는 결과인 불기소, 불구속, 구속된 피의자·피고인의 석방, 무죄 판결 등은 변호사의 노력만으로 항상 이루어 낼 수 있는 성격의 것은 아니라는 점이다. 우리나라의 형사소송 절차는 기소편의주의를 채택하고 있고, 공판 절차에서 직권증거조사 등 직권주의적 요소가 적지 않으며, 형벌의 종류와 형량의 결정에서도 재량의 범위가 상대적으로 넓게 규정되어 있는 등 수사나 재판의 결과가 상당한 권한을 가진 법관이나 검사의 판단 영역에 속하여 있다. 이에 따라 변호사로서는 성공보수를 받을 수 있는 '성공'이란 결과를 얻어 내기 위하여 수사나 재판의 담당자에게 직간접적으로 영향을 행사하려는 유혹에 빠질 위험이 있고, 변호사의 노력만으로 '성공'이란 결과가 당연히 달성되는 것은 아니라는 점을 알고 있는 의뢰인으로서도 성공보수를 약정함으로써 변호사가 부적절한 방법을 사용하여서라도 사건의 처리 결과를 바꿀 수 있을 것이라는 그릇된 기대를 할 가능성이 없지 않다."

　이른바 성공이 부당한 결과를 요구하는 것이든, 정당한 결과를 요구하는 것이든 돈을 주고받을 이유는 되지 못한다고 지적한다. "아울러 형사사건에서 일정한 수사 · 재판 결과를 '성공'과 연결 짓는 것 자체가 적절하지 않다. 국가형벌권의 공적 실현이라 할 수 있는 수사와 재판의 결과를 놓고 단지 의뢰인에게 유리한 결과라고 하여 이를 임의로 '성공'이라고 정하고 그에 대한 대가로 상당한 금액을 수수하는 것은 사회적 타당성을 갖추고 있다고 볼 수 없고, 이는 기본적 인권의 옹호와 사회정의의 실현을 그 사명으로 하는 변호사 직무의 공공성 및 윤리성과도 부합하지 않는다. 만약 '성공'에 해당하는 수사 · 재판 결과가 부적절한 방법으로 마땅히 받아야 할 처벌을 모면한 것이라면 사법정의를 심각하게 훼손한 것이다. 반대로 그것이 당연한 결과라면 의뢰인은 형사 절차 때문에 어쩔 수 없이 성공보수를 지급하게 되었다는 억울함과 원망의 마음을 갖게 될 것이다. 피해자 · 고소인을 대리하면서 피의자 · 피고인의 구속을 성공의 조건으로 내세운 약정의 경우에는 국가형벌권을 빌려 '남을 구속시켜 주는 대가'로 상당한 금액을 수수하는 것이어서 이러한 불합리함이 더더욱 드러나게 된다."

　이렇게 해서 성공보수를 인정한 기존 판례를 폐기한다. "종래 대법원은 형사사건에서의 성공보수 약정이 선량한 풍속 기타 사회질서에 어긋나는지를 고려하지 아니한 채 위임사무를 완료한 변호사는 특별한 사정이 없는 한 약정된 보수액을 전부 청구할 수 있는 것이 원칙이고, 다만 약정된 보수액이 부당하게 과다하여 신의성실의 원칙이나 형평의 원칙에 반한다고 볼 만한 특별한 사정이 있는 경우에는 예외적으로 상당하다고 인정되는 범위 내의 보수액만을 청구할 수 있다고 판시하여 왔는바, 대법원 2009. 7. 9. 선고 2009다21249 판결을 비롯하여 그와 같은 취지의 판결들은 이 판결의 견해에 배치되는 범위 내에서 모두 변경하기로 한다."

적극적이거나 혹은 소극적이거나

형사 성공보수 약정 무효 판결을 두고 윤진수 서울대학교 교수는 사법 적극주의의 명확한 발현이라고 했습니다. 장래효 판결은 사법적극주의 의 하수인이고 선례구속 원칙의 천적이라는 문언주의자 앤터닌 스캘리아 미국 연방대법관 말도 인용했습니다. 사법적극주의에 관해 설명이 많지 만 단순하게 정리하면 사법부가 입법부나 행정부 노릇을 자처하는 것입 니다. — 본문에서

성공보수 무효 판결은 대법원에서 나왔습니다. 고등법원까지는 무효가 아니었습니다. 그런데 사건 당사자들에게는 대법원 판결로 아무런 변화가 없었습니다. 성공보수 6000만 원을 받을 수 있다는 고등법원 판결이 유지됐습니다. 성공보수 무효 효력 시점을 이 판결 선고 이후로 잡았기 때문입니다. 개인분쟁을 다루는 대법원이 사회 문제만 해결한 셈이 됐습니다. 이 때문에 사회문제를 해결하기 위해 대법원이 맞춤한 사건을 고른 것이라고 말하기도 합니다. 주심 권순 일 대법관이 결론을 내놓고 사건을 기다렸다는 것입니다. 이에 관해 물었습니다. "이 사건을 만난 것은 대법원 연구관의 상고사건 신건 (新件) 검토 보고서를 받았을 때입니다. 대법관들은 신건 사건을 빠

짐없이 검토합니다. 사실관계를 파악하고 나니 먼저 도덕적 분노가 가슴에 올라왔습니다. 피의자 가족이 형사 성공보수 1억 원을 마련하려고 아파트를 처분했다는 것이었습니다. 궁박한 피의자 가족의 처지, 허위정보가 떠도는 법률시장을 생각하기에 앞서 '세상에 이런 일이 있어서는 안 된다'는 마음이 들었습니다. 그런데 연구관 검토 의견은 사건에 특별한 법률적 쟁점이 없으므로 이대로 종료하자는 심리불속행 기각이었습니다. 그렇게 끝낼 일은 아니라는 생각이 들었고, 고뇌는 판결이 선고될 때까지, 제 자신 나중에 알게 되지만 판결 선고 이후에도 계속됐습니다."

성공보수 1억 원을 마련하려 집을 팔았다는 사실에 분노하려면 성공보수에 대한 지식이 있어야 합니다. 그렇지 않으면 '죄를 지었으니 어쩔 수 없지', '변호사가 괜히 전문직인가'라는 식으로 생각하면서, 내 가족에게는 그런 일이 없으리라고 짐짓 믿고 맙니다. 형사 성공보수 사건이 대법원에 적지 않았지만 해결하려 한 대법관은 없었습니다. 계속해서 권순일 대법관 얘기입니다. "연구관의 심리불속행 의견은 형사 성공보수 약정이 유효라고 판단한 기존 대법원 판결에 따른 것입니다. 저는 이 판례의 타당성에 의문을 가지고 있었습니다. 미국에서는 형사사건은 물론 가사사건 성공보수 약정도 무효이고, 독일과 프랑스에서도 허용되지 않고, 영국에서는 범죄로 규정하고 있습니다. 일본이 유효라고 보지만 이미 오래전부터 형사 절차에서 사선변호인의 역할이 크지 않았습니다. 하지만 우리나라에서는 근대 사법 역사 100년이 넘도록 형사 성공보수가 유지됐습니다. 판례를 변경할 경우, 형사 성공보수를 당연하게 생각하는 변호사 업계가 어떻게 반응할지 뻔한 일이었습니다. 하지만 현실적인 어려움이 있다고 임기 첫해에 받은 이 사건을 맞닥뜨리지 않는다면 이후로 대법관 역할을 제대로 못할 것 같았습니다. 기존 판례가 21세기에도 유효한지 전면 재검토해야 한다고 보았습니다. 그래서 이 사건을 민사공동조에 심층검토하라고 지시했습니다."

이 판결은 형사재판 공정성과 변호사 공공성을 강조하면서 논리를 전개합니다. 그런데 시민들이 변호사를 공적인 존재로 생각하는지 의문이 듭니다. 변호사법 제1조 제1항은 '변호사는 기본적 인권을 옹호하고 사회정의를 실현함을 사명으로 한다'고 정하고 있습니다. 변호사들 스스로도 그다지 공적인 존재로 여기지 않으니, 성공보수 같은 것을 받는 것 아닌가도 싶습니다. 대법원이 성공보수라는 부당 경제활동을 제어하기 위해 오래전에 잊힌 공익성을 되살리는 게 어색하게도 느껴집니다. 권순일 대법관 얘기입니다. "오늘날 어느 법제이든, 어느 나라이든 변호사 직무의 공익성은 모두 인정하고 있습니다. 변호사는 형사재판에서 자신이 투입한 노력, 시간, 실력 등에 의해 보수를 받으면 됩니다. 그렇지 않고 자신에게 결정권도 없는 사법기관의 결정이라는 외부적, 우연적 요소에 따라 받는 성공보수는 허용되지 않습니다. 공익성을 가진 변호사로서는 의뢰인을 비롯한 국민의 사법신뢰를 저해하지 않도록, 형사사법 제도가 바르게 운영되도록 노력할 의무가 있습니다. 형사사법에 대한 국민의 신뢰가 존재하지 않으면 형사사법에서 변호사의 입지도 사라집니다. 시장 원리에 비중을 두어 변호사 역할을 파악하는 나라인 미국에서조차 형사 성공보수 약정은 무효인 이유가 그런 것입니다."

형사 성공보수 약정 무효 판결을 두고 윤진수 서울대학교 교수는 사법적극주의의 명확한 발현이라고 했습니다.[19] 장래효 판결은 사법적극주의의 하수인이고 선례구속 원칙의 천적[20]이라는 문언주의자 앤터닌 스캘리아(Antonin Scalia) 미국 연방대법관 말도 인용했습니다. 사법적극주의에 관해 설명이 많지만 단순하게 정리하면 사법부가 입법부나 행정부 노릇을 자처하는 것입니다. 형사 성공보수를 무효라고 대법원이 판결한 근거는 민법 제103조 '선량한 풍속 기타 사회질서에 위반한 사항을 내용으로 하는 법률행위는 무효로 한다'입니다. 소급효를 적용해 이 사건 형사 성공보수 약정을 무효로 하면 대한민국 건국 이후 다른 모든 약정도 무효가 됩니다. 이런 혼란

---

19 윤진수, '한국 대법원의 형사사건 성공보수 판결: 일반조항, 사법적극주의 그리고 장래적 판례변경', 『법철학연구』 제23권 제2호, 2020, 273쪽.

20 윤진수, '한국 대법원의 형사사건 성공보수 판결: 일반조항, 사법적극주의 그리고 장래적 판례변경', 『법철학연구』 제23권 제2호, 2020, 273쪽.

을 피하기 위해 대법원은 장래효를 선택했습니다. 법관이 사건을 해결하면서 결과적으로 사회도 바로잡힐 수는 있지만, 작심하고 사회를 치유하려는 것은 사법부 역할이 아니라는 게 이 판결에 대한 비판의 요지입니다. 이에 대한 권순일 대법관 설명입니다. "장래적 판례 변경을 대법원이 선택한 전례가 있습니다. 2005년 여성을 종중원으로 인정한 전원합의체 판결이 대표적입니다. 다만 장래효를 택하면서도 당해 사건에만 예외적으로 소급 적용했습니다. 이 사건은 항소심에서 형사 성공보수는 6000만 원 범위 내에서 유효하다고 판단한 것인데, 변호사가 무효로 판단된 4000만 원 부분도 받겠다고 상고한 사건입니다. 변호사의 상고이유 부분만 상고심 판단 대상이었기 때문에 당해 사건에 대한 예외적 소급효 적용 법리까지 나갈 필요는 없었습니다. 2005년 여성 종중원 사건과 장래 무효 이론 적용이 다르다고 법원을 비판할 일은 아니라고 생각합니다. 오히려 대법원 판례를 변경하면서도 신중하게 접근한 것이므로 사법자제 원칙에 충실했다고 볼 수도 있습니다."

사법의 정치화는 바람직하지 않지만 정치와 정책결정의 사법화는 피할 수 없는 현상이라고 합니다. 그런데 사법의 정치화와 정치의 사법화가 어떻게 다르냐는 반론도 있습니다. 사법적극주의가 반드시 부정적인 의미는 아니지만, 부정적으로 쓰는 사람이 많습니다. 권순일 대법관에게 스스로 사법적극주의자로 생각하는지 물었습니다. "형사 성공보수 약정이 선량한 풍속 기타 사회질서에 반하여 민법 제103조 위반이라는 것은 법률해석에 따른 결론입니다. 법률심인 대법원이 법리를 선언할 때는 '정의를 실현할 때 머뭇거리지 말라'라는 직업윤리에 충실해야 합니다. 사법적극주의가 좋다거나 나쁘다고 단정할 이유가 없습니다. 그렇지만 저 스스로를 사법적극주의자라고 생각해 본 적은 없습니다. 만약 제가 '많은 국민이 어떤 사법 제도나 실무 관행이 잘못되었다고 지적한다면 이제라도 바로잡는 것이 옳다'라고 보충의견에서 밝힌 것이 사법적극주의의 표현이라고 한다면 사법적극주의자임을 부인하지 않겠습니다. 이런 의미에서는 사법적극주의를 택해야 할 때도, 사법자제 원칙을 따라야 할 때도 있습니다. 하지만 법률심은 법리(principles)를 밝히는 곳이지 정책(policy)을 논의하는 곳이 아닙니다. 정책법원이 되는 것이 사법적극주의라면 저는 사법적극주의자가 아닙니다."

이 판결은 반대의견이 없는 대법관 전원일치이고, 대법관 가운데 일부가 보충의견을 썼을 뿐입니다. 전원일치가 되는 과정은 복잡합니다. 대법관 전원이 합의하는 경우 제시되었던 의견들의 수를 깎아 줄이는 경우가 있습니다. 최대공약수를 찾는 것이지요. 외부에서 판결을 시비할 우려가 있는 경우에도 이런 선택을 하는 것으로 알려져 있습니다. 가령 2017년 박근혜 대통령 탄핵심판 사건이 헌법재판관 전원일치로 나오리라는 예상이 많았고, 실제로 그렇게 됐습니다. 이 사건에서는 어떤 과정을 거쳤는지 권순일 대법관에게 물었습니다. "처음부터 대법관들이 전원일치로 성공보수를 무효로 하자는 것은 아니었습니다. 입법으로 해결할 일이라는 주장이 있었습니다. 형사 성공보수를 무효로 만드는 판결은 입법이 아니냐는 뜻이지요. 저는 '상고가 되어 왔으니 재판을 하는 것 아니냐'고 설득했습니다. 이번 에는 성공보수가 합법이라는 기존 판례가 있지 않느냐는 얘기가 돌아왔습니다. 저는 '그 판례가 여전히 맞는지 따져 보자는 것이다. 미국 같은 나라의 주대법원도 성공보수를 무효로 판단하는데, 우리가 성공보수를 인정하는 판례를 유지할 것인지 당부를 따져 보자'고 했습니다. 첫 합의에 들어가기 전에 변호사 경험이 있는 대법관들께 의견을 물었더니 '무효가 맞다, 종전 판례는 문제가 있다'고 했습니다. 저까지 최소 세 표를 확보해서 토론을 시작한 셈이었습니다. 이후 다른 의견을 가진 대법관들이 법정의견에 합류하는 과정이 있었습니다. 선고 하루이틀 전까지 '판결에 무슨 레토릭이 그렇게 많냐'는 지적을 받아, 문장을 쳐내기도 했습니다."

형사 성공보수 무효 판결은 시민들에게 지지를 받았지만, 변호사들에게는 비난을 받았습니다. 변호사들은 판결을 이론적으로 공격했습니다. 민법 제103조 위반이라 무효라면서 장래효만 인정한 것은 이상하다고 했습니다. '어디 소급해서 다 무효로 만들어 보지 그랬느냐'는 얘기입니다. 소급효·장래효 문제에 관해 합의 과정에서

2장 변호사들

이견이 없었는지 궁금했습니다. 권순일 대법관의 설명입니다. "성공보수가 무효라는 결론에는 찬성하지만 이후 반환소송을 감당하기 어렵다는 의견이 다수였습니다. 그 밖에 대법원 판례를 유지하자는 의견이 조금 있었고요. 논의를 계속한 결과 장래효만 인정하자는 의견이 나왔고 이 의견이 법정의견이 됐습니다. 전원합의체가 장래효를 인정한 선례는 2005년 종중원 판결, 2008년 제사 주재자를 합의해서 정하도록 한 판결 등이 있습니다. 장래효 때문에 심하게 논쟁을 벌이지는 않았고, 오히려 장래효 덕분에 전원일치가 된 셈입니다. 저는 당초 소급해서 무효로 하되 그에 따라 발생하는 문제는 다른 법리들을 동원해서 해결하는 것이 원칙이라는 생각이었습니다. 하지만 토론이 오가면서 입장을 바꾸었습니다. 소급효를 인정할 경우 어떻게 될 것인지 고민한 것도 사실입니다. 어쨌든 제가 양보한 모양이 됐습니다. 재판은 토론을 통한 설득과 타협의 과정이지, 투표로 다수의견을 관철하는 정치가 아닙니다."

──────── **이 장에서 살펴본 판결·결정** ────────

· 대법원 2015. 7. 23. 선고 2015다200111 전원합의체 판결 – 형사 성공보수 약정

3장

불법체류

체류가 불법이면 노동도 불법일까

서울고등법원 승소 판결이 2007년 2월 나오자 서울지방노동청은 대법원에 상고했다. 그리고 같은 해 11월 출입국관리사무소가 노동조합 간부 세 명을 적발해 강제추방했다. 이에 앞서 안와르 초대 위원장도 방글라데시로 출국했다. 정부의 이러한 조치는 불법체류 노동자 노동조합이 현실적으로 무의미하거나, 가능하지 않다는 것을 보여 주는 것으로 보였다. 이후로도 대법원은 사건을 처리하지 않았다. ― 본문에서

불법체류 노동자가 노동조합에 가입할 수 있을까. 대법원은 8년이 넘도록 결론을 내지 않았다. 2007년 접수한 사건이 2015년에도 그대로였다. 이 사건 시작은 10년 전인 2005년이다. 서울 · 경기 · 인천에 사는 외국인 노동자 91명이 노동조합 창립총회를 열었다. 그리고 노동조합 규약 등 필요한 서류를 갖춰 설립신고서를 냈다. 하지만 서울지방노동청이 신고서를 반려했다. 이유는 조합원 가운데 출입국관리법상 대한민국 체류자격이 없는 외국인, 이른바 불법체류자가 있다는 것이었다. 이에 서울경기인천 이주노동자 노동조합은 반려 처분이 부당하다며 소를 제기했다. 서울행정법원은 2006년 "노조의 대표자로 기재된 안와르[21]에 대하여 서울출입국관리사무소

장에게 불법체류자 여부를 조회한 결과 불법체류하고 있음을 인정할 수 있는바, 사정이 이러하다면 원고 노조는 사실상 불법체류 외국인들을 주된 구성원으로 하고 있다"며 청구를 기각했다. 하지만 불법체류 외국인이 노동조합을 구성하면 안 되는 이유는 별달리 설명하지 않았다.

사건은 항소심인 서울고등법원으로 올라갔다. 서울고등법원은 2007년 노동청 반려 처분을 취소했다. 이유는 불법체류 노동자 노동조합 활동을 금지할 근거조항이 없다는 것이다. 금지할 근거가 없으니 막을 수도 없다고 했다. 헌법과 법률이 정한 노동조합은 노동관청이 허가할 문제가 아니라는 얘기다. 서울고등법원 판결은 이렇다. "(출입국관리법은) 취업자격 없는 외국인의 고용이라는 사실적 행위 자체를 금지하고자 하는 것에 불과할 뿐이지 취업자격 없는 외국인이 사실상 근로를 제공하고 있는 경우에 취업자격이 없다는 이유로 고용계약이 당연무효라고 할 수도 없으며 취업자격 없는 외국인 근로자가 사용자와 대등한 관계를 이루어 근로조건을 향상시키기 위한 근로자단체를 결성하는 것까지 금지하려는 규정으로 보기는 어렵다." 그리고 밝혔다. "피고로서는 원고 노조의 조합원이 적법

---

21 판결에는 아노아르, 아노와르를 혼용하고 있으나 외래어 표기법에 따라 안와르로 수정하여 통일.

한 체류자격이 있는 자인지 여부에 관하여 심사할 권한이 없음에도 불구하고, 이를 심사하기 위하여 아무런 법령상 근거 없이 원고 조합에 대하여 조합원 명부의 제출을 요구하고, 그 보완 요구에 대한 거절을 이 사건 처분사유 중 하나로 삼은 것은 위법하다."

이사이 정부는 불법체류자인 이주노동자 노동조합 간부들을 구금하고 추방했다.[22] 출입국관리법에서 정한 용어로는 보호와 강제퇴거이다. 위원장 안와르 후세인이 2005년 5월 출입국관리사무소에 붙잡혀 청주외국인보호소에 보호됐다. 노동조합 설립신고서를 서울지방노동청 내고 나흘 만이다. 안와르는 1년 뒤인 2006년 4월에야 건강 문제 등으로 일시 보호해제됐다. 서울고등법원 승소 판결이 2007년 2월 나오자 서울지방노동청은 대법원에 상고했다. 그리고 같은 해 11월 출입국관리사무소가 노동조합 간부 세 명을 적발해 강제추방했다. 이에 앞서 안와르 초대 위원장도 방글라데시로 출국했다. 정부의 이러한 조치는 불법체류 노동자 노동조합이 현실적으로 무의미하거나, 가능하지 않다는 것을 보여 주는 것으로 보였다. 이후로도 내법원은 사건을 처리하지 않았다. 2007년 2월 사건을 접수한 당시 주심 김황식 대법관은 이듬해인 2008년 7월 대법관을 사퇴하고 감사원장이 됐다. 이어 같은 해 9월 취임한 양창수 대법관

22　연합뉴스, '이주노동자 노조설립 소송 10년 일지', 2015년 6월 25일 자.

이 주심이 됐지만 6년 임기를 채우고 퇴임하는 2014년 9월까지 사건을 처리하지 않았다.

그 후임인 권순일 대법관이 주심이 되어 사건을 전원합의체에 부쳤고 9개월 만인 2015년 6월 선고했다. 대법관들의 의견은 둘로 나뉘었다. 우선 노동조합 결성과 참여가 불가능하다는 의견은 이렇다. "출입국관리 법령에서는 고용 제한 규정을 두어 취업자격 없는 외국인의 고용을 금지하고, 취업자격 없이 취업한 외국인을 강제퇴거 및 처벌의 대상으로 삼고 있다. 취업자격 없는 외국인은 애당초 '정상적으로 취업하려는 근로자'에 해당할 수 없고 이미 취업한 사람조차도 근로계약의 존속을 보장받지 못할 뿐만 아니라, 노동조합법상의 근로자 개념에 포함된다 하여 취업자격을 자동으로 취득하거나 그의 국내 체류가 합법화되는 것도 아니다. 이런 마당에 장차 근로관계가 성립 혹은 계속될 것을 전제로 사용자와의 단체교섭이나 단체협약의 체결을 통하여 근로조건을 유지·개선하려 하는 것 자체가 과연 가능한 일인지 의문이 아닐 수 없다. 결국 취업자격 없는 외국인에 대하여는 근로조건의 유지·개선과 지위 향상을 기대할 만한 법률상 이익을 인정하기 어렵고, 취업자격 없는 외국인은 노동조합법상 근로자의 개념에 포함되지 않는다." 요약하면 언제든 추방될 처지에 노동조합이 무슨 소용이냐는 것이다. 이 의견은 소수의견이 된다.

소수의견은 계속해서 불법체류 노동자도 노동조합 활동이 가능하다는 다수의견을 비판한다. "다수의견의 논리대로라면, 한편으로는 취업자격 없는 외국인의 고용을 제한하고 강제퇴거 등의 조치를 취할 의무가 있는 국가가 다른 한편으로는 취업자격 없는 외국인의 노동조합 설립 및 노동조합 활동을 보장해 주어야 하는 모순을 피할 수 없게 된다. 이야말로 다수의견에 내재하는 근본적인 한계라고 할 것이다. 결론적으로 취업자격 없는 외국인을 주된 구성원으로 하고 있다는 사유를 들어 원고의 설립신고서를 반려한 피고의 처분은 정당한 것으로 보아야 한다. 이와 다른 원심의 판단은 그 타당성을 인정하기 어렵다." 그러면서 출입국관리법이 있기에 노동조합법에도 한계가 있다고 했다. "취업자격 없는 외국인의 고용을 금지하고 강제퇴거 및 처벌을 규정하고 있는 출입국관리에 관한 법령이 없다면 모를까, 그러한 법령이 실정법으로 엄연히 존재하는데 법원이 이에 애써 눈감을 일은 아니다. 다수의견이라고 해서 노동조합법이 출입국관리법보다 우월한 지위에 있는 상위법이라고 보는 것은 아닐 것이다."

이 사건은 소수의견 한 명, 다수의견이 열한 명이다. 우선 출입국관리법과 노동조합법은 별개이며, 다수의견은 어떤 주장으로 소수의견을 반박했을까. 노동조합법은 출입국관리법과 무관하게 노동조합 활동을 보상한다고 설명한다. "노동조합법상 근로자란 타인과의 사용종속관계하에서 근로를 제공하고 그 대가로 임금 등을 받아 생활하는 사람을 의미하며, 특정한 사용자에게 고용되어 현실적으로 취업하고 있는 사람뿐만 아니라 일시적으로 실업 상태에 있는 사람이나 구직 중인 사람을 포함하여 노동3권을 보장할 필요성이 있는 사람도 여기에 포함되는 것으로 보아야 한다. 그리고 출입국관리법령(은) 취업자격 없는 외국인의 고용이라는 사실적 행위 자체를 금지하고자 하는 것뿐이지, 나아가 취업자격 없는 외국인이 사실상 제공한 근로에 따른 권리나 이미 형성된 근로관계에 있어서 근로자로서의 신분에 따른 노동관계법상의 제반 권리 등의 법률효과까지 금지하려는 것으로 보기는 어렵다." 그리고 취업자격 없는 불법체류 노동자도 노동조합법이 보호하는 노동자라고 선언한다. "따라서 타인과의 사용종속관계하에서 근로를 제공하고 그 대가로 임금 등을 받아 생활하는 사람은 노동조합법상 근로자에 해당하고, 노동조합법상의 근로자성이 인정되는 한, 그러한 근로자가 외국인인지 여부나 취업자격의 유무에 따라 노동조합법상 근로자의 범위에 포함되지 아니한다고 볼 수는 없다."

대법원은 보도자료에서 불법체류자 노동조합이 세계적인 대세이며 한국의 국가 이미지를 개선할 것이라고 했다. "외국인 근로자의 처우 개선으로 인권 보장을 강화하고 국가 이미지를 개선할 수 있는지, 외국인의 근로조건 차별 억제로 국민의 고용 확대 유인을 마련할 수 있는지 등을 고민하였음. 미국, 일본, 독일, 프랑스, 영국, 스페인, 스위스, 오스트리아, 벨기에 등의 사례를 확인한 결과, 취업 자격 없는 외국인의 취업이나 고용을 제한하고 강제퇴거 등의 행정 적 조치를 취하면서도 노동조합 활동 등을 포함한 근로자의 권리는 최대한 보장하는 것이 국제적인 기준이라는 결론을 얻었음. 시대적 인 변화에 맞추어 취업자격 없는 외국인 근로자의 노동조합법상 근 로자 지위를 인정하고 노동조합 설립 및 가입을 허용하여도 그 부작 용을 극복할 만한 여건과 국가적 저력을 갖춘 상황에 이르렀다고 판 단하였음." 이러한 내용이 판결에는 없다. 하지만 시민들을 설득하 기 위해 법리 이외의 내용을 대법원 판결에 넣는 것은 드문 일이 아 니다. 이 때문에 법원이 10년 만에 사건을 해결하면서 너무나 간략 하게 판결을 썼다는 지적이 있다.

한편 소수의견은 설령 불법체류 외국인 노동조합이 가능하다고 해도, 이 사건 당사자 서울경기인천 이주노동자 노동조합은 안 된다 고 했나. 성치운동이 주요한 목적이라는 이유다. 노동조합법 제2조 에는 노동조합으로 인정하지 않는 경우가 나열돼 있는데, '주로 정 치운동을 목적으로 하는 경우'가 포함된다. 이에 관한 소수의견은 이렇다. "규약에는 '이주노동자 단속 추방 반대, 이주노동자 합법화' 등이 목적 중의 하나로 기재되어 있는 점 등 원고가 '주로 정치운동 을 목적으로 하는 단체'임을 추단할 수 있는 객관적인 사정이 어느 정도 드러나 있(다)." 그런데 이 소수의견은 다수의견을 인용한 것이다. 다수의견 막바지에 다음과 같은 부분이 있다. "취업자격 없는 외국인 근로자들이 조직하려는 단체가 '주로 정치운동을 목적으로 하는 경우' 행정관청은 실질적인 심사를 거쳐 설립신고서를 반려할 수 있을 뿐만 아니라, 설령 노동조합의 설립신고를 마치고 신고증을 교부받았다고 하더라도, 그러한 단체는 적법한 노동조합으로 인정받지 못할 수 있음은 물론이다." 다수의견이 '이주노동자 단속 추방 반대'를 정치운동으로 보지 않은 것인지, 그 문제까지는 판단하지 않은 것인지 애매하다.

대법원 판결이 나오자 이주노동자 노동조합은 다시 설립신고서를 냈다. 하지만 서울지방노동청은 신고를 반려하고 규약을 수정하라고 했다. '고용허가제 폐지, 이주노동자 합법화, 단속 추방 반대' 등이 정치적 목적에 해당한다고 했다. 소수의견을 그대로 받아들였다. 이에 이주노동자 노동조합은 '이주노동자 인권·노동권을 개선하고, 더 나은 노동조건을 위해 노력한다' 등으로 규약을 수정하고 2015년 8월 신고필증을 받았다.[23] 이 과정을 노동법학자들은 비판한다. "우리나라에 입국하는 이주노동자의 절반 이상이 고용허가제를 통해 입국하는데, 고용허가제의 사업장 이동 제한 규정 때문에

---

23 한국일보, '설립필증 받은 이주노조, 활짝 웃긴 했지만…', 2015년 8월 20일 등록.

시간적, 공간적으로 제약된 환경에서 일할 수밖에 없는 이주노동자는 열악한 근로조건을 억지로 감수할 수밖에 없으며, 현실에서 소위 불법체류 이주노동자가 양산되는 가장 큰 원인은 바로 고용허가제의 제약적 조건들을 벗어나기 위함이다. 다시 말하면, 이주노동자의 근로조건과 고용허가제는 별도의 문제가 아니다. 따라서 이주노조의 고용허가제에 대한 문제 제기는 노조법에서 단결권을 보장하는 목적인 '근로조건의 유지·개선과 근로자의 경제적·사회적 지위의 향상'을 위하여 필수적인 활동이며, 이를 정치운동으로 보아 이주노조의 합법성을 부정하는 것은 노조법의 입법 목적과 어긋나는 잘못된 인식이다."[24]

---

24 이다혜, '이주노조 대법원 판결의 의의와 한계', 『노동법학』 제56호, 2015, 371~372쪽.

카페의 여인도 석방하라, 찬찬찬

"취업자격이 없는 외국인들 노동조합이 허가되면 국민인 노동자 보호에 소홀해지지 않겠느냐는 우려도 있었고, 반면 노동권은 국민만의 권리가 아닌 인간의 권리이고 그래서 국제인권규약에서도 보호하는 것이라는 의견을 넣자는 주장도 있었습니다. 불법체류 외국인들 노동조합이 허용 되면 출입국관리법을 집행하는 법무부가 단속해서 쫓아낼 사람들을, 노 동조합법을 담당하는 노동부가 보호하는 상황이 된다는 지적도 있었습 니다." ― 본문에서

이주노동자 노동조합 설립신고 사건을 법원이 가지고 있던 시간 은 10년(2005~2015년)입니다. 이 긴 시간의 한가운데인 2010년 육 상효 감독의 코미디 영화 〈방가?방가!〉가 개봉했습니다. 일자리를 찾아 전전하던 한국인 청년이 외국인 노동자로 위장해 의자공장에 취업하는 이야기입니다. 어려서부터 외모가 동남아시아 사람과 비 슷하다는 얘기를 듣던 주인공이 먹고살기 위해 부탄 사람 행세를 합 니다. 출신사가 직은 부탄이라야 들키지 않고 오래 일하리라 생각해 서입니다. 그런 주인공이 뜻하지 않게 출입국관리소에 잡혀간 외국

인 노동자 회장 석방을 요구하는 시위에서 선봉에 섭니다. 기껏 시장통을 지나는 작은 행진을 이끌면서 불법체류 노동자들과 부르는 노래가 편승엽 가수의 〈찬찬찬〉입니다. 외치는 구호도 '수차르 회장을 석방하라'에서 '카페의 여인도 석방하라'로 바뀝니다. 저는 이 영화를 뒤늦게 보았는데, 영화보다 부조리한 것이 현실이라고 생각했습니다. 이 사건 주심을 취임과 함께 맡아 퇴임 때까지도 처리하지 않은 일은 그야말로 영화였습니다.

시간이 갈등을 소멸시킨다고도 하지만, 실은 갈등의 양상이 달라지는 경우가 많습니다. 갈등이 오히려 깊어지고 커지기도 합니다. '지연된 정의는 정의가 아니다'(Justice delayed is justice denied)라는 말도 그래서 있습니다. 분쟁과 갈등을 해소하는 제도인 재판의 속도에 관해 권순일 대법관에게 물어봤습니다. "상고사건의 적정 처리 시간은 일률적으로 말하기 어렵습니다. 그런데 민사소송법은 상고가 가능한 사건을 제한하고 있습니다. 분쟁을 신속하게 종결하려는 것입니다. 민사소송법 제423조는 상고이유를 헌법·법률·명령 또는 규칙 위반이 있다는 것을 이유로 들 때만 가능하다고 정하고 있습니다. 또 법이 정한 사유가 없으면 대법원이 심리를 하지 않고 상고를 기각하도록 하는 상고심 절차에 관한 특례법도 같은 이유입니다." 신속한 재판은 소송법이 정한 원칙이라는 얘기입니다. 대법관을 이론적으로 보좌하는 재판연구관실도 처리 속도를 기준으로 운

영한다고 합니다. 사건이 들어오면 신속처리 유형과 신중검토 유형
으로 나누어 보고서를 작성한다고 합니다.

　반대의견을 읽으면서 의문이 들었던 부분은 "장차 근로관계가 성
립 혹은 계속될 것을 전제로 사용자와의 단체교섭이나 단체협약의
체결을 통하여 근로조건을 유지 · 개선하려 하는 것 자체가 과연 가
능한 일인지 의문이 아닐 수 없다"는 부분입니다. 헌법 제33조 제1
항은 '근로자는 근로조건의 향상을 위하여 자주적인 단결권 · 단체
교섭권 및 단체행동권을 가진다'고 밝히고 있습니다. 그런데 반대의
견은 헌법이 보장하는 기본권이 실현 가능성에 따라, 법원에서 다른
판단을 받을 수도 있다는 얘기로도 들렸습니다. 그렇다면 헌법이 보
장하는 양성평등이 실현되기 어렵다는 이유로 법원이 포기할 수는
있는 것인지 궁금했습니다. 이 사건에서 소수의견을 반박하지 않은
이유를 권순일 대법관에게 물어봤습니다. "노동조합법에서 말하는
근로자란 '타인과의 사용종속관계에서 근로를 제공하고 그 대가로
임금 등을 받아 생활하는 사람'입니다. 따라서 그 사람이 내국인이
든 외국인이든, 취업자격이 있든 없든 노동조합법상 근로자라는 것
이라고 분명히 밝힌 것이 다수의견입니다. 이에 반하여 반대의견은
노동조합법상 근로자 개념을 해석할 때 외국인의 경우에는 출입국
관리 법령의 취지도 아울러 고려하여 법체계 전체적 관점에서 해석
해야 한다는 것입니다. 여기에서 헌법상 결사의 자유를 인정하기 위

해 그 목적이 실현 가능성을 전제로 하는지에 대하여 다수의견도 소수의견도 언급하지 않고 있습니다. 이유는 그러한 추상적이고 논리적인 논쟁이 이 사건 해결에 꼭 필요한 것은 아니라고 생각했기 때문인 것 같습니다."

　다수의견은 취업자격 없는 외국인 근로자가 조직하려는 단체가 '주로 정치운동을 목적으로 하는 경우'에는 조합신고를 반려하는 게 가능하다고 밝혔습니다. 물론 이런 제한은 노동조합법에 있는 것이고, 불법체류 노동자에게만 적용되는 것도 아닙니다. 하지만 노동조합법을 비롯해 여러 법률에 등장하는 정치운동 금지조항은 모호한 규제라는 비판을 받고 있습니다. 그래서 헌법재판소는 2020년 교원의 정치단체 가입을 금지한 정당법에 위헌을 결정하면서 "'그 밖의 정치단체'에 관한 부분은 법적용기관인 법관의 보충적 법해석을 통하여도 그 규범 내용이 확정될 수 없는 모호하고 막연한 개념"[25]이라고 했습니다. 외국인 노동자 노동조합 사건에서 대법원이 10년 만에 승소 판결을 해 주면서 구태여 정치운동이 목적이면 안 된다고 언급할 필요가 있었는지 의아했습니다. 실제로 노동관청이 대법원 판결 이후에도 설립신고를 한 번 더 반려한 것도, 판결 내용 탓이라는 비판도 있습니다. 이주노조의 합법적 등록을 어떠한 방식으로 노

25　헌법재판소 2020. 4. 23. 선고 2018헌마551 전원재판부 결정.

동관청이 거부할 수 있는지 알려 준 모양새가 됐다는 것입니다.[26]

권순일 대법관 답변입니다. "노동조합법 제2조 제4호 마목은 '주로 정치운동을 목적으로 하는 경우' 노동조합으로 보지 않는다고 규정하고 있습니다. 노동법 학계에서도 주로 정치운동을 목적으로 조직된 근로자단체는 노동조합이 아니라는 데 이견이 없습니다. 누구에게나 헌법상 결사의 자유가 있으므로 정치운동 단체를 설립하고 가입하는 것이 보장되어야 합니다. 그러나 정치운동 단체는 노동조합법이 규정하는 노동조합 정의에는 포함되지 않기에 노동조합법의 노동조합은 아니라는 것입니다. 바꾸어 말하면 법적 보호의 대상이 되는 노동조합이 아니게 된다는 것입니다. 질문에서 언급한 헌재 결정은 정당법에 대한 것입니다. 교원의 전면적인 정치단체 가입 금지조항에 관한 것입니다. 해서 '그 밖의 정치단체'에 관한 부분은 법 적용기관인 법관의 보충적 법해석을 통하여도 그 규범 내용이 확정될 수 없는 모호하고 막연한 개념이라는 판시는 충분히 수긍이 갑니다. '그 밖의'의 외연이 어디까지인지 '정치단체'의 의미가 무엇인지 의문이 생깁니다. 하지만 이 결정을 가지고 노동조합이 근로자의 경제적, 사회적 지위 향상 도모를 목적으로 조직된 단체라는 법 규정을 부정하거나 정의를 달리 보아야 한다고 주장할 수는 없습니다.

26 이다혜, '이주노조 대법원 판결의 의의와 한계', 『노동법학』 제56호, 2015, 371~372쪽.

노동조합법 규정이나 노동법 발전 과정, 역사적 배경 등에 비추어 보면 더욱 그렇습니다.”

이 대법원 판결을 두고 나오는 비판은, 선고가 너무 늦었다는 것 외에 내용이 간략하다는 것이 있습니다. 앞서 살펴본 대로 미국, 일본, 유럽 등 많은 나라에서 취업자격 없는 외국인의 노동조합 활동을 보장한다는 내용도 판결에는 없고 보도자료에 있습니다. 다수의견은 주심 대법관이 사실상 결정합니다. 주심 대법관이 소수의견인 때에는 다수의견을 쓰는 대법관이 따로 있습니다. 대법원 판결에는 의견이 다른 대법관을 감정이 상하도록 비판하는 경우도 적지 않습니다. 이 사건의 중요도를 고려하면 다수의견도 소수의견도 너무 간략합니다. 권순일 대법관에게 물어봤습니다. “민감한 사회 이슈라는 점을 감안해 가능한 무색무취한 방식으로 문제를 해결하려 했습니다. 그 덕분인지 언론에서도 별다른 비판이 없었습니다. 보수언론도 외국인 근로자의 존재를 인정해야 하는 경제 현실에서 수긍할 수 있다고 했습니다. 판결이 지연됐나는 지적이 일부 진보언론에서 있었습니다.”

판결이 간략한 이유는 대법원 역할과도 관계가 있다고 했습니다. “취업자격 없는 외국인 노동조합에 관한 각국 입법례, 노동당국 실무, 최고법원 판례 등을 재판연구관실에서 보고했습니다. 이 내용을 대법관들도 숙지하고 있었습니다. 그렇지만 판결서는 정책보고서가 아닙니다. 법해석, 즉 법조항 의미, 법리, 근거 등을 논리적으로 밝히는 문서입니다. 대법원은 법리(principles)를 선언하는 곳이지 정책(policy)을 결정하는 곳이 아닙니다. 정책은 국민의 대표기관 또는 정책기관인 국회나 행정부가 다루는 것입니다." 그러면서 덧붙였습니다. "그럼에도 불구하고 대법관들은 판결의 의미, 사회 · 경제적 파장 등을 국민이 어떻게 수용할지 고심했습니다. 이 판결은 외국인 노동조합을 허용하라는 것입니다. 무리 없이 받아들여져 제도가 정착하고 소모적 논쟁이나 사회갈등이 없기를 바랐습니다. 다수의견이든 소수의견이든 문제 해결에 필요한 범위를 넘어 이념 대결을 벌이는 것 같은 모습은 보이지 않으려 했습니다. 절제의 미덕이 필요하다는 데 공감대가 형성되었다고 이해해 주면 되겠습니다."

대법원이 법률해석을 다루는 문제를 심사하는 법률심이지만 우리 사회 현실을 제쳐 두고 판단하지는 못합니다. 불법체류 노동자 노동조합 설립 허가 여부를 정하면서 대법관들은 어떤 논의를 했는지 들었습니다. "취업자격이 없는 외국인들 노동조합이 허가되면 국민인 노동자 보호에 소홀해지지 않겠느냐는 우려도 있었고, 반면 노동권은 국민만의 권리가 아닌 인간의 권리이고 그래서 국제인권규약에서두 보호하는 것이라는 의견을 넣자는 주장도 있었습니다. 불법체류 외국인들 노동조합이 허용되면 출입국관리법을 집행하는 법무부가 단속해서 쫓아낼 사람들을, 노동조합법을 담당하는 노동부가 보호하는 상황이 된다는 지적도 있었습니다. 더구나 법무부도 노동부도 같은 대통령 소속이니 대통령이 한 입으로 두말하는 셈이기도 하고요. 그래서인지 법무부가 반대의견을 냈던 것으로 기억합니다. 치안이나 출입국 사무에 영향이 있을 것이라고 했을 겁니다. 하지만 현실은 이미 국내에 외국인 근로자가 크게 늘어 있었고, 농어촌이나 중소기업은 외국인 근로자 없이 돌아가지 못하는 여건이었습니다. 이들이 내국인과 결혼하고 아이를 낳아 살면서 '다문화 가정'이란 말도 생겼습니다. 외국인 노동자를 대하는 국민의 인식과 감정도 예전과 달라져 있었습니다. 이런 배경에서 대법원이 사건을 처리한 것입니다."

그런데 불법체류 외국인의 노동조합을 허용한 나라들 가운데, 최고법원이 이 문제를 해결한 경우는 많지 않다고 합니다. "외국 사례를 검토하면서 최고법원까지 사건을 가져온 경우가 많지 않았음을 알 수 있었습니다. 어떤 사람들은 법원이 판단하지 않으면 의회로 간다고 하는데 우리 현실을 잘 살펴보면 의회가 반드시 문제를 해결한 것도 아니고요. 그러다 보니 법원이 사회의 중요한 문제들을 자주 결정하게 됩니다. 학계에서는 이러한 현상을 '정치와 정책결정의 사법화'라고 부릅니다. 법원으로서는 신중하게 현실적인 여러 요소들을 고려할 수밖에 없습니다 하게 되는 것이고요. 어쩌면 이런 것이 현대사회에서 사법의 새로운 역할 기능일지도 모르겠습니다.”

사법과 입법의 차이에 관해 다시 물었습니다. “법관에게는 법을 해석할 권한만 있지, 만드는 권한은 없다고들 합니다. 대법원은 법해석을 담당하는 사법기관이지만 법해석이란 법정책을 선택한다는 의미이기도 합니다. 그렇다면 법을 발견하는 것이 아니라 사실은 법을 제정하는 것 아니냐는 의문이 생길 수 있습니다. 사법의 기능과 사명을 생각하면 사법적극주의에 서야 할 때도, 사법자제 원칙에 충실해야 할 때도 있겠지요. 로널드 드워킨(Ronald Dworkin) 같은 학자는 실정법 해석에 공정성, 정의, 적법 절차 등과 같이 공동체가 공유하는 가치체계와 정합성을 이루는 것이 중요하다고 합니다. 결국 규범이 의회에서 확정되는 것인지, 아니면 법원에서 확정되는지는 법철학적으로 매우 어렵고도 중요한 문제입니다.”

──── 이 장에서 살펴본 판결 · 결정 ────

· 대법원 2015. 6. 25. 선고 2007두4995 전원합의체 판결 – 불법체류와 노동조합

4장

선거

토론을 위한 선거, 선거를 위한 토론

공직선거법 위반으로 벌금 100만 원 이상이 확정되면 피선거권이 5년 동안 없다. 피선거권이 없으면 이미 선출된 공직에서도 물러난다. 대법원은 2019년 이 사건을 받아 전원합의에 부쳤다. 이재명 지사는 차기 대통령 선거 후보로도 얘기됐는데, 항소심이 확정되면 출마는 불가능했다. 이런 정치적인 이유와는 별개로 이재명 지사의 혐의가 기존 판례로 보면 무죄와 유죄의 경계에 있었다. 이 사건 결론은 대법원이 표현의 한계와 공정한 선거 사이에 선을 긋는 일이었다. — 본문에서

시민이 공직자를 선출하는 정치 제도를 민주주의라고 한다. 이러한 민주주의는 정보의 유통 즉 자유로운 표현을 중요한 기반으로 한다. 그런데 단기간에 치러지는 선거에서는 표현의 자유가 일부 제약된다. 공정한 선거라는 당면한 목적을 위해서다. 평소에는 크게 문제 되지 않는 표현도 선거에서는 처벌 대상이다. 후보자에 대한 여론조사 결과를 발표하거나 정책·공약을 비교 평가하는 것도 금지된다.[27] 2018년 제7회 전국동시지방선거에서 이재명 더불어민주당

---

27 공직선거법 제108조(여론조사의 결과공표금지 등), 제108조의3(정책·공약에 관한 비교

후보가 당선했다. 같은 해 검찰은 이재명 경기도지사를 공직선거법 위반 혐의로 기소했다. 허위사실 공표 혐의에 1심은 무죄를 선고했고, 2심은 유죄로 뒤집어 벌금 300만 원을 선고했다. 공직선거법 위반으로 벌금 100만 원 이상이 확정되면 피선거권이 5년 동안 없다. 피선거권이 없으면 이미 선출된 공직에서도 물러난다. 대법원은 2019년 이 사건을 받아 전원합의에 부쳤다. 이재명 지사는 차기 대통령 선거 후보로도 얘기됐는데, 항소심이 확정되면 출마는 불가능했다. 이런 정치적인 이유와는 별개로 이재명 지사의 혐의가 기존 판례로 보면 무죄와 유죄의 경계에 있었다. 이 사건 결론은 대법원이 표현의 한계와 공정한 선거 사이에 선을 긋는 일이었다.

이재명 지사를 기소한 검사의 공소사실은 이렇다. "① 2018. 5. 29.경 KBS 경기도지사 후보자 토론회에 참석하여 다른 후보자 김영환의 '형님을 정신병원에 입원시키려고 하셨죠? 보건소장 통해서 입원시키려고 하셨죠?'라는 질문에 '그런 일 없습니다. 그거는 어머니를 때리고 어머니한테 차마 표현할 수 없는 폭언도 하고, 이상한 행동도 많이 했고, 실제로 정신치료를 받은 적도 있는데 계속 심하게 하기 때문에 어머니, 저희 큰형님, 저희 누님, 저희 형님, 제 여동생, 제 남동생, 여기서 진단을 의뢰했던 겁니다. 그런데 저는 그걸 직

평가결과의 공표제한 등).

접 요청할 수 없는 입장이고, 제 관할하에 있기 때문에 제가 최종적으로 못하게 했습니다'라고 발언하고, ② 2018. 6. 5.경 MBC 경기도지사 후보자 토론회에 참석하여 '우리 김영환 후보께서는 저보고 정신병원에 형님을 입원시켰다 이런 주장을 하고 싶으신 것 같은데 사실이 아닙니다. 정신병원에 입원시킨 것은 형님의 부인 그러니까 제형수와 조카들이었고, 어머니가 보건소에다가 정신질환이 있는 것같으니 확인을 해 보자라고 해서 진단을 요청한 일이 있습니다. 그권한은 제가 가지고 있었기 때문에 제가 어머니한테 설득을 해서 이거 정치적으로 너무 시끄러우니 하지 말자 못하게 막아서 결국은 안됐다는 말씀을 또 드립니다'라고 발언하였다."

공소사실은 계속된다. "그러나 사실은 피고인은 2010. 말경 용인정신병원에 이재선을 입원시키려는 시도를 한 사실이 있고, 이재선은 2013. 3.경 교통사고를 당해 그 사고의 후유증으로 우울증 등을앓게 되었으며, 2014.경에 이르러 그 우울증이 심해져 부인과 딸이2014. 11.경 부곡정신병원에 이재선을 입원시켰을 뿐 2012.경 당시에는 정신병이 있다고 전문의의 진단이나 치료를 받은 사실이 없었고, 부인과 딸도 이재선에게 정신적으로 문제가 있다고 생각을 하지않았으며, 피고인은 2012. 4.~8.경까지 수회에 걸쳐 분당구보건소장 등에게 이재선을 구 정신보건법 제25조 시장 등에 의한 입원 규정에 의하여 강제로 입원시키도록 지시하였고, 분당구보건소장 등이 이에 대하여 피고인에게 불가 의견을 개진하고, 위법한 일이어서 이를 이행하지 아니하자 수회에 걸쳐 질책하면서 계속하여 위 입원 절차 진행을 지시하였으며, 이재선에 대한 입원 절차는 당시 이재선에 대한 구 정신보건법 제25조 시장 등에 의한 입원 절차가 위법하여 형사처벌을 받을지도 모른다는 생각에 이른 분당구보건소장의 자의에 의한 포기로 중단되었고, 피고인이 중단시킨 사실이 없었다. 그럼에도 피고인은 경기도지사 토론회 등에서 친형을 입원시키려고 하였다는 내용으로 사실대로 발언할 경우 낙선할 것을 우려하여 당선될 목적으로 위와 같이 피고인의 행위에 관하여 허위의 사실을 공표하였다."

이러한 발언은 처벌되어야 할까. 이재명 지사에게 적용된 조항은 공직선거법 제250조 제1항 '당선되거나 되게 할 목적으로 연설·방송·신문·통신·잡지·벽보·선전문서 기타의 방법으로 후보자에게 유리하도록 … 허위의 사실을 공표하거나 공표하게 한 자 … 는 5년 이하의 징역 또는 3천만 원 이하의 벌금에 처한다'이다. 유죄의 견은 조항의 목적을 판례를 이용해 정리한다. "선거인의 공정한 판단에 영향을 미치는 허위사실을 공표하는 행위 등을 처벌함으로써 선거의 공정을 보장하기 위한 규정이다. 즉 후보자에게 유리한 허위사실을 공표하지 못하도록 함으로써 선거인들이 후보자에 대한 정확한 판단자료를 가지고 올바른 선택을 할 수 있도록 하기 위한 것

4장 선거

이다." 이어 조항에 나오는 '허위의 사실'을 설명한다. "공표된 사실의 내용 전체의 취지를 살펴볼 때 중요한 부분이 객관적 사실과 합치되는 경우에는 세부적으로 진실과 약간 차이가 나거나 다소 과장된 표현이 있다 하더라도 이를 허위의 사실이라고 볼 수는 없다. 어떤 표현이 허위사실을 표명한 것인지 여부는 일반 선거인이 그 표현을 접하는 통상의 방법을 전제로 하여 그 표현의 전체적인 취지, 객관적 내용, 사용된 어휘의 통상적인 의미, 문구의 연결 방법 등을 종합적으로 고려하여 그 표현이 선거인에게 주는 전체적인 인상을 기준으로 판단하여야 한다." 자신들이 처벌하려고 안간힘을 쓰는 게 아니라는 얘기다.

무죄의견도 똑같이 판례를 인용하지만 방향이 다르다. "국민은 선거 과정에서 제공되는 정치적 정보와 의견의 교환, 토론을 통하여 형성된 의사를 선거에 반영하여 국민주권과 주민자치의 원리를 실현한다. 선거가 금권, 관권, 폭력 등에 의한 타락선거로 전락하는 것을 방지하고, 선거운동의 기회균등을 담보하기 위하여는 선거의 공정성이 확보되어야 하며, 이를 위해서는 어느 정도 선거운동에 대한 규제가 행하여지지 않을 수 없다. 그러나 선거의 궁극적인 목적은 국민의 자유로운 의사를 대의기관의 구성에 정확하게 반영하는 데 있다. 자유선거의 원칙은 비록 우리 헌법에 명시되지는 않았지만 민주국가의 선거 제도에 내재하는 법원리이고, 이를 실현하기 위해서는 선거 과정에서 충분한 정보의 전달과 자유로운 의견의 소통이 이루어져야 한다. 선거의 공정성은 이러한 자유선거의 원칙을 실현하는 수단으로서 기능하는 것이므로, 선거의 공정성을 크게 해치지 않는 한 선거운동의 자유를 최대한 보장하여야 하고, 선거의 공정성을 위하여 선거운동의 자유를 제한하는 경우에도 필요한 최소한도에 그쳐야 하며, 그 본질적 내용을 침해해서는 안 된다." 이제부터 무죄의견을 쓰리라는 게 보인다.

무죄의견은 토론회의 특성을 강조한다. "후보자 토론회는 후보자 등이 직접 한자리에 모여 치열하게 질문과 답변, 공격과 방어, 의혹 제기와 해명 등을 할 수 있는 공론의 장이고, 후보자 등 상호 간의 토론이 실질적으로 활성화되어야만 유권자는 보다 명확하게 각 후보자의 자질, 식견과 견해를 비교·평가할 수 있(다). 일방적으로 자신의 의견을 표현하는 연설 등의 경우와 달리, 후보자 사이에서 질문과 답변, 주장과 반론에 의한 공방이 제한된 시간 내에서 즉흥적·계속적으로 이루어지게 되므로 그 표현의 명확성에 한계가 있을 수밖에 없다. 자신이 처한 입장과 관점에서 다른 후보자의 발언의 의미를 해석하고 대응하며, 이에 대하여 다른 후보자도 즉시 반론하거나 재질문 등을 함으로써 그 진실 여부를 밝히고 견해의 차이를 분명히 하여 유권자가 검증할 수 있게 하는 것이 선거 과정에서의 일반적인 절차이다. 설령 후보자 등이 부분적으로 잘못되거나 일부 허위의 표현을 하더라도, 토론 과정에서의 경쟁과 사후 검증을 통하여 도태되도록 하는 것이 민주적이고, 국가기관이 아닌 일반 국민이 그 토론과 후속 검증 과정을 지켜보면서 누가 옳고 그른지 판단하는 것이 바람직하다."

이에 대해 유죄의견은 그런 토론회는 더 이상 토론회가 아니라고 한다. "토론회의 공방 과정에서 허위 또는 왜곡된 사실의 유포가 허용되거나 그에 대한 금지의 척도가 낮아질 경우, 유권자들이 토론회에서 알게 된 정보를 믿지 못하게 되고, 이는 유권자들로 하여금 토론회에서의 주장과 반론, 질문과 답변에 의한 공방과 검증에 흥미를 잃게 하며, 결국 토론회의 질이 낮아지게 된다. 이에 따라 유권자들의 토론회에 대한 관심과 참여가 현저히 떨어지게 되고, 토론회에서는 후보자들 사이에 정책이나 중요한 선거 쟁점, 공직 적격성 등에 관한 활발한 토론이 이루어지지 않게 된다. 다수의견과 같이 후보자 토론회의 토론 과정 중 발언이 적극적 · 일방적으로 허위사실을 표명하는 것이 아니라는 이유에서 이를 허위사실공표죄로 처벌하지 않고 일률적으로 면죄부를 준다면, 이는 결과적으로 후보자 토론회의 의의와 기능을 소멸시켜 토론회가 가장 효율적이고 선진적인 선거운동으로 기능할 수 없게 만들고, 토론회에서 적극적으로 구체적인 발언을 한 후보자만이 법적 책임을 부담하게 될 위험이 커진다. 이로써 후보자들은 후보자 토론회에서 서로의 장점과 단점을 구체적·적극적으로 드러내지 않은 채 포괄적·소극적으로 불분명하게 지적하게 되고, 토론회의 생동감과 적극성은 기대할 수 없게 된다. 결국 실제 선거에서 후보자 토론회가 형식적으로 운영될 수밖에 없다."

이렇게 해서 무죄의견은 이재명 지사 사건을 판단한다. 공소사실 ① KBS 토론회 발언에 대해서는 이렇다. "상대 후보자의 공격적인 질문에 대하여 소극적으로 회피하거나 방어하는 취지의 답변 또는 일부 부정확하거나 다의적으로 해석될 여지가 있는 표현을 넘어서서 곧바로 적극적으로 반대사실을 공표하였다거나 전체 진술을 허위라고 평가할 수는 없다고 보아야 한다." ② MBC 토론회에 대해서는 이렇다. "피고인의 위 발언은 피고인에게 주어진 주도권 토론 시간에 이루어진 것으로서 상대 후보자의 공격적 질문에 대하여 곧바로 반박하는 형식은 아니었다. 그러나 이 부분 발언의 내용과 맥락이 상대 후보자가 위 토론회에서 다시 제기할 것으로 예상되는 의혹이나 질문에 대한 선제적인 답변의 실질을 가진 점, 실제로 피고인의 위 발언에 이어 김영환도 '피고인의 어머니가 아들을 정신병원에 넣으라고 요청했다는 것이 완전히 허구라는 게 밝혀졌다'는 취지로 의혹을 제기한 점 등을 고려하면, 피고인의 이 부분 발언 또한 허위의 반대사실을 적극적·일방적으로 공표한 것으로 보기는 어렵다."

이에 대해 유죄의견은, 무죄의견이 공직선거법에 정해진 '공표'의 의미를 축소해 면죄부를 줬다고 비난한다. 허위인 사실은 어찌할 수가 없으니, 나머지 구성요건인 공표에 해당하지 않는 편법을 썼다는 것이다. "'공표'의 범위를 제한하는 해석은 자칫 선거의 공정과 정치적 표현의 자유 사이의 균형을 심각하게 훼손할 수 있다. 이 사건 조항에서 정한 '공표'는 반드시 허위사실을 직접적으로 표현한 경우에 한정될 것은 아니고, 간접적이고 우회적인 표현에 의하더라도 그 표현된 내용 전체의 취지에 비추어 그와 같은 허위사실의 존재를 암시하고, 이로써 후보자의 평가에 유리한 영향을 미칠 가능성이 있을 정도의 구체성이 있으면 충분하다. '공표'의 사전적 의미는 '여러 사람에게 널리 드러내어 알리는 것'이고, 이 사건 조항의 문언 해석상 달리 적극적·일방적으로 허위사실을 표명할 것을 요구하지 않음이 명백하다. 다수의견은 입법적 방법이 아닌 해석을 통하여 문언의 가능한 의미를 벗어나 새로운 구성요건을 창조하자는 것으로 이는 극히 신중해야 한다." 이 사건 결론은 무죄이고, 권순일 대법관은 부죄의견에 참여했다.

투표를 믿는 사회, 판결을 믿는 사회

"'선거를 전후하여 후보자 토론회에서 한 발언을 문제 삼아 고소·고발이 이어지고, 이로 인하여 수사권의 개입이 초래된다면 필연적으로 수사권 행사의 중립성에 대한 논란을 피할 수 없을 뿐만 아니라, 선거 결과가 최종적으로 검찰과 법원의 사법적 판단에 좌우될 위험에 처해짐으로써 국민의 자유로운 의사로 대표자를 선출한다는 민주주의 이념이 훼손될 우려도 있다.' 민주공화국에서 검찰과 법원의 사법적 판단보다는 유권자인 국민 전체의 선택을 신뢰할 수밖에 없습니다." — 본문에서

이재명 경기도지사는 2022년 3월 치러질 대통령 선거에 나갈 예정이었습니다. 하지만 항소심대로 유죄가 확정되면 피선거권이 사라져 입후보할 수 없었습니다. 대통령 선거가 20개월 정도 남은 2020년 7월 대법원 판결이 나왔습니다. 판결의 결과에만 대중의 관심이 집중됐습니다. 그렇지만 이 판결은 선거 과정에서 표현의 자유라는 중요한 문제를 다루었습니다. 결론도 첨예하게 갈렸습니다. 대법원 전원합의체에는 대법관 열두 명과 대법원장까지 열세 명이 참여합니다. 이 사건에서는 김선수 대법관이 스스로 빠졌습니다. 변호사 시절 이재명 지사 사건을 대리한 적이 있기 때문입니다. 결론은

무죄의견 일곱 명, 유죄의견 다섯 명인데, 대부분 사건에서 대법원장은 다수의견에 섭니다. 이런 대법원장을 제외하면 파기환송 여섯명, 상고기각 다섯 명입니다. 공정한 선거는 어떻게 달성되는지에 관해 사법부가 어렵게 내린 결론입니다. 앞으로 선거에 어떠한 영향을 끼칠지 궁금합니다.

전원합의체 마지막 의견정리에서 발언 순서는 취임일자 역순입니다. 권순일 대법관은 임기만료 두 달을 앞두고 있었습니다. 대법원장을 제외하면 가장 마지막에 입장을 밝히게 됩니다. 결과를 놓고 보면 무죄의견과 유죄의견이 다섯 명씩인 상황입니다. 그래서 권순일 대법관이 캐스팅 보트를 행사했다는 추측이 있었습니다. 이에 관해 물었습니다. "판결이 선고된 뒤 일부 언론에서 제가 캐스팅 보트를 행사했다고 하는데 사실과 다릅니다. 합의의 비밀에 관한 것이라 공개할 수는 없지만 의견 형성 과정에서 대법관들 사이에 세 가지로 결론이 모아졌다는 점만 말씀드리겠습니다. 저는 이 가운데 소수의 견해에 있었습니다. 공직선거법상 허위사실공표죄의 구성요건을 엄격하게 해석하는 입장이었습니다. 그리하여 저는 소수의견을 쓸 준비를 하고 있었는데, 의견서를 작성하고 회람하는 과정에서 최종적으로 의견이 두 가지로 좁혀졌고 저는 결과적으로 다수의견에 속하게 됐습니다. 이러한 일도 합의 과정의 일부입니다. 이 사건은 취임일자 역순으로 자기 의견을 말하는 식으로 최종의견을 정하지는 않았습니다." 언론의 추측은 결정적인 순간에 이재명 지사를 구했다는 것입니다. 하지만 의견서 작성 및 회람 과정에서 법적 견해를 조율하면서 판결서에 표시된 다수의견이 최종적으로 확정되었다는 것이 권순일 대법관 설명입니다.

권순일 대법관은 6년 대법관 임기 가운데 3년 정도 중앙선거관리위원장을 겸직했습니다. 이러한 경험이 입장을 정하는 데 영향을 주었는지 물었습니다. "저는 이미 2016년 8월 선고된 권선택 대전시장 공직선거법 위반 전원합의체 판결에서, 선거운동의 자유를 광범위하게 규제하는 판결들은 선별적·자의적인 법 적용을 초래할 우려가 있다고 지적한 적이 있습니다. 대의민주주의에서 당연히 허용되어야 할 국민의 정치활동을 위축시키고, 공직선거법상 금지되는 선거운동과 정치활동의 경계를 모호하게 하기 때문입니다. 제가 중앙선거관리위원장을 겸하게 된 이후 선거 제도 운영에 대한 관심이 훨씬 깊어지고 공직선거법의 해석·적용에 막중한 책임감을 가지고 있던 것은 사실입니다. 하지만 정작 이 사건 재판에서는 제가 중앙선거관리위원장을 겸하고 있다는 사실이 혹시나 재판의 공정성에 염려를 불러일으키지는 않을까 혹은 이해충돌 사유에 해당되지는 않을까 고민하였습니다. 그러나 이 사건이 선거관리위원회에서 고발한 사건도 아니고, 대법관이 중요 사건의 법률해석에 관한 전원합의체 판결에서 자신의 의견을 밝히지 않는 것은 헌법기관으로서의 직무를 다하지 않는 것이라는 점을 생각해 보니 재판에서 빠질 수는 없었던 것입니다."

이 사건을 보면, 표현의 자유가 민주주의를 완성하는지, 진실한 사실이 공정한 선거를 완성하는지 고민하게 됩니다. 권순일 대법관은 이렇게 설명합니다. "다수의견의 요지는 민주국가에서 자유선거원칙에 따른 선거운동의 자유와 표현의 자유는 중요한 헌법상 권리로서 최대한 보장되어야 한다는 것입니다. 표현의 자유 가운데에서도 특히 정치적 표현의 자유는 더욱 넓게 보장되어야 합니다. 공직선거법에 따라 선거의 공정성을 확보하기 위하여 선거운동에 대한 규제가 필요한 경우에도 선거운동의 자유나 정치적 표현의 자유에 대한 제한은 필요한 최소한도에 그쳐야 하며 그 본질적 내용을 침해해서는 안 된다는 것입니다." 선거의 자유가 선거의 공정보다 상위 가치라는 뜻으로 이해됩니다. 본질을 지켜야 한다고 선언한 대상이 자유이지 공정이 아니라고 했기 때문입니다. "공정한 선거관리란 유권자가 올바른 선택을 하지 못해 민의가 왜곡되어 대의민주주의의 본질이 훼손되는 일을 막는 것입니다. 그렇지만 이는 어디까지나 수단이지 목적은 아닙니다. 선거의 목적은 국민주권의 실현입니다."

헌법이 보호하는 표현의 자유 가운데서도 가장 강력하게 보호하는 것이 정치적 표현의 자유라고 합니다. 그런데 공직선거법에 따라 선거 국면에서는 표현의 자유가 제약을 받습니다. 공직선거법이 제약하는 표현은 내용이 무엇이든 결국 정치적인 표현입니다. 이런 상황에서 반대의견은 설령 공정한 선거보다 자유로운 선거가 중요하다고 해도, 공정한 선거 자체가 불가능해질 수 있다고 주장합니다. 허위사실을 처벌하지 않으면, 토론회는 허위사실이 허용되는 곳이 되고, 토론회에 유권자의 관심과 참여가 현저히 줄면서, 정확한 판단을 통한 올바른 선택이 불가능하다고 합니다. 이른바 선거의 공론장이 파괴된다는 것입니다. 이에 대한 권순일 대법관 얘기입니다. "선거의 공정성을 확보하기 위해서는 허위사실 공표가 허용돼서는 안 된다는 데 다수의견과 반대의견 사이에 차이는 없습니다. 문제는 허위사실 공표가 무엇을 의미하느냐 하는 것이지요."

결국 다수의견과 반대의견이 부닥치는 지점은 '공표'입니다. 토론회 발언을 두고 다수의견은 공표에 해당하지 않는다고, 반대의견은 공표에 해당한다고 합니다. 이에 대해 물었습니다. "공직선거법 제250조는 형벌조항입니다. 죄형법정주의 원칙에 따라 엄격하게 해석해야 합니다. 공표의 사전적 의미에 관해서는 다수의견과 반대의견이 다르지 않습니다. 의견이 갈리는 지점은 토론회 질의에 대한 '예, 아니오'로 하는 답변이 공표에 해당하는지 여부입니다. 제250조는 '당선되거나 되게 한 목적으로 … 허위의 사실을 공표'라고 구성요건을 정하고 있습니다. 여기 나오는 '당선되거나 되게 … 하기 위한 행위'가 선거운동(제58조 제1항)인데, 선거운동 방법이 공직선거법에 정해져 있습니다. 선거벽보(제64조), 선거공보(제65조), 신문광고(제69조), 방송광고(제70조), 방송연설(제71조), 연설 · 대담(제79조) 등입니다. 그리고 토론은 따로 정의 규정이 있습니다(제81조 제2항). 이러한 공직선거법의 체계, 내용, 취지 등에 비추어 공표에 해당하는지를 판단해야 합니다. 공표란 적극적 일방적으로 알리는 때에 해당한다고 보아야 한다는 것이 다수의견 입장입니다. 다수의견이 문언의 의미를 벗어났다거나 새로운 구성요건을 창조하였다고 보는 것은 옳지 않습니다. 다수의견은 죄형법정주의에 따라 엄격해석 원칙을 지킨 것입니다."

반대의견은 토론회에서 발언도 공표에 해당한다고 합니다. 따라서 내용에 허위가 있으면 허위사실 공표로 처벌이 된다고 합니다. 그런데 토론회에서 어떤 후보가 허위사실을 발언하고 이를 상대가 바로 반박한 경우에도 처벌이 되는지 궁금했습니다. "형식만 토론회라고 해 놓고 일방석으로 연설이나 광고를 한다면 공표라고 봐야겠죠. 실질을 봐야 합니다. 적극적으로 일방적으로 허위의 사실을 알렸다면 공직선거법 제250조에 정해진 허위사실 공표가 된다는 것입니다. 가령 A에 관해 물었는데 B에 관해 얘기하고, 그게 허위의 사실이 분명하다면 처벌 대상이 될 수 있겠죠. 미국 판례에시도 '활발한 토본에는 부정확한 표현도 있게 마련이다(Inaccurate statements are unavoidable in the lively debate)'라고 합니다. 토론회에서 질의와 답변이 허위사실공표죄의 처벌 대상이어서는 안 된다는 데 이견이 없고, 표현의 자유를 실질적으로 보장하려면 이른바 '숨 쉴 공간'의 존재는 필수불가결하다고 합니다. 이러한 이론은 우리나라 학계에서 그리고 판례에서도 모두 받아들여져 있습니다." 바로 반박을 했다는 사실보다도 유권자의 관점에서 어떠한 사실이 분명하게 발표되었는지 살펴보아야 한다는 뜻으로 이해됩니다.

공직선거법 제250조 허위사실공표죄를 새로운 미디어 현실에서 생각해 봅니다. 지금은 토론회를 유튜브 등을 통해 나중에 보는 사람이 더 많습니다. 토론회 발언은 실시간으로 또 직후에 수많은 사람이 검증합니다. 간단한 사실은 하루이틀이 못 되어 참말인지 거짓말인지 드러납니다. 물론 복잡한 사안은 수사기관과 사법기관이 판단합니다. 하지만 수사기관이 진실을 제대로 밝히지 않거나 뒤튼다고 의심되는 경우도 많습니다. 어느 전직 대통령이 선거운동에서 공표한 허위사실은 당선해 5년 임기를 마치고도 한참이 지나서야 대법원에서 가려지기도 했습니다. 이에 대한 권순일 대법관 얘기입니다. "판결에 써 있는 대로 말하고 싶습니다. '선거를 전후하여 후보자 토론회에서 한 발언을 문제 삼아 고소·고발이 이어지고, 이로 인하여 수사권이 개입이 초래된다면 필연적으로 수사권 행사의 중립성에 대한 논란을 피할 수 없을 뿐만 아니라, 선거 결과가 최종적으로 검찰과 법원의 사법적 판단에 좌우될 위험에 처해짐으로써 국민의 자유로운 의사로 대표자를 선출한다는 민주주의 이념이 훼손될 우려도 있다.' 민주공화국에서 검찰과 법원의 사법적 판단보다는 유권자인 국민 전체의 선택을 신뢰할 수밖에 없습니다."

───── **이 장에서 살펴본 판결·결정** ─────

· 대법원 2020. 7. 16. 선고 2019도13328 전원합의체 판결 – 선거와 허위사실 공표

5장

이혼

누가 혼인을 끝낼 수 있나

동거 중인 여성과 낳은 딸은 중학생이 됐다. 가정법원에서 남편은 이혼을 강력히 원한다고 했고, 부인은 남편이 돌아올 것이라며 이혼 요구에 동의하지 않았다. 남편은 병든 자신을 돌봐 주는 것은 동거 중인 여성이라고 했고, 부인은 미혼인 두 자녀 때문이라도 이혼은 못한다고 했다. 남편의 이혼 청구는 1·2심에서 모두 기각됐다. 혼인의 의무를 저버린 사람은 이혼소송을 내지 못한다는 게 대법원 판례다. — 본문에서

남편이 가정법원에 이혼소송을 제기한 때는 결혼 35년 만인 2011년이다. 결혼 20년째이던 1996년부터 남편에게 교제하는 사람이 있었고, 이태 뒤인 1998년에는 딸을 낳았다. 다시 이태 뒤인 2000년 남편은 집을 나와 교제하는 사람과 함께 살기 시작했다. 남편은 별거 중에도 자녀들 학비를 부담하고 부인에게 생활비 명목으로 월 100만 원 정도를 주었다. 부부 사이에는 서른을 넘은 1975년생 딸과 1978년생 아들이 있었다. 그러다 신장이 나빠져 혈액투석을 받았고 자녀들에게 신장이식 얘기를 꺼냈지만 거절당했다. 이에 이혼을 결심했고 곧바로 2012년부터 생활비를 주지 않고 있다. 동거 중인 여성과 낳은 딸은 중학생이 됐다. 가정법원에서 남편은 이

혼을 강력히 원한다고 했고, 부인은 남편이 돌아올 것이라며 이혼 요구에 동의하지 않았다. 남편은 병든 자신을 돌봐 주는 것은 동거 중인 여성이라고 했고, 부인은 미혼인 두 자녀 때문이라도 이혼은 못한다고 했다. 남편의 이혼 청구는 1·2심에서 모두 기각됐다. 혼인의 의무를 저버린 사람은 이혼소송을 내지 못한다는 게 대법원 판례다. 이 사건에서는 남편이 그런 사람이기 때문에 법원이 이혼 판결을 해 주지 않았다.

대법원 판례가 부당하다는 의견이 많았다. 누가 의무를 저버렸든 부부관계가 파탄된 상태라면 법원은 법률관계를 정리해 줘야 한다고 했다. 이를 파탄주의라고 하는데 지지하는 법관이 적지 않았다. 사건은 전원합의체로 올라갔다. 판례를 변경하자는 대법관들은 판결에서 이렇게 주장했다. "관계가 회복할 수 없을 정도로 파탄되었다면 이는 더 이상 혼인생활은 기대할 수 없음을 말하며, 결국 혼인의 실체가 소멸하여 부존재하고 혼인이라는 외형만이 남아 있을 뿐인 상태를 뜻한다. 이는 실질적인 이혼 상태라 할 것이므로 그에 맞게 법률관계를 확인·정리하여 주는 것이 합리적이다. 이러한 상태의 부부공동생활관계에 대하여 이혼을 인정하는 것은 현재 소멸하여 있는 혼인 실체의 부존재를 확인하여 줌에 그칠 뿐, 아직 그 실체가 남아 있어 혼인생활이 회복될 가능성이 있음에도 새로이 그 실체를 깨뜨려 혼인을 해소하는 것이 아님에 유의하여야 한다."

책임을 따지는 기존 대법원 판례를 유책주의라고 한다. 파탄주의 대법관들은 '혼인생활이 회복 불가능한 파탄 상태라면 누구에게 책임이 있는지 따져 무엇하겠느냐'고 판결에서 묻는다. "혼인생활이 회복할 수 없을 정도의 파탄 상태에 이르기까지 과정에는 여러 원인이 있을 수 있고 그에 따라 쌍방 또는 일방에게 주된 귀책사유가 있을 수 있지만, 혼인생활이 회복할 수 없을 정도의 파탄 상태에 이르러 혼인의 실체가 소멸한 이상 그 귀책사유는 더 이상 혼인의 실체 유지나 회복에 아무런 영향을 미치지 못하므로, 그 귀책사유가 그 혼인 해소를 결정짓는 판단 기준이 되지 못한다." 그러니 이혼을 시켜 주고 대신 혼인이라는 계약을 파기한 책임은 따로 묻자는 것이다. "다만 그와 같은 귀책사유에 대하여는, 그로 인하여 상대방이 입은 손해나 상대방 보호에 필요한 사항을 이혼에 따른 배상책임 및 재산분할 등에 충분히 반영함으로써, 그에 상응한 책임을 묻고 아울러 이를 통하여 상대방 배우자를 보호할 수 있을 것이다."

유책주의를 유지해야 한다는 대법관들은 이렇게 설명한다. "대법원이 종래 유책배우자의 이혼 청구를 허용하지 아니한 데에는, 스스로 혼인의 파탄을 야기한 사람이 이를 이유로 이혼을 청구하는 것은 신의성실에 반하는 행위라는 일반적 논리와 아울러, 여성의 사회적 · 경제적 지위가 남성에 비해 상대적으로 열악한 것이 현실인 만큼 만일 유책배우자의 이혼 청구를 널리 허용한다면, 특히 파탄에 책임이 없는 여성 배우자가 이혼 후의 생계나 자녀 부양 등에 큰 어려움을 겪는 등 일방적인 불이익을 입게 될 위험이 크므로 유책인 남성 배우자의 이혼 청구를 불허함으로써 여성 배우자를 보호하고자 하는 취지가 있다고 보인다. 이런 관점에서, 대법원이 종래 취해 온 법의 해석을 바꾸려면 이혼에 관련된 전체적인 법체계와 현시점에서 종래 대법원 판례의 배경이 된 사회적·경제적 상황에 의미 있는 변화가 생겼는지 등에 관한 깊은 검토가 있어야 한다." 특정한 혼인이 파탄 상태이고 회복 불가능하다는 이유로 이혼을 시켜 주면, 결혼이라는 사회 제도가 무력화한다는 뜻이다. 여전히 유책주의를 유지할 이유가 있으며 시간을 두고 더 봐야 한다는 것이다.

혼인을 해소하는 방식은 두 가지다. 양 당사자가 협의해서 이혼할 수 있고, 한 당사자가 가정법원에 청구해 이혼할 수 있다. 두 가지 모두 민법에 정해져 있다. 민법 제834조 '부부는 협의에 의하여 이혼할 수 있다', 제840조 '부부의 일방은 다음 각호의 사유가 있는 경우에는 가정법원에 이혼을 청구할 수 있다'. 이 가운데 협의이혼에는 제약이 없다. 그래서 "넓은 의미에서 하나의 계약이며, 일정한 방식으로 신고하여야 하는 요식행위"[28]라고 한다. 반면 재판이혼에는 제약이 있다. 민법 제840조에는 재판이혼 사유들이 적혀 있다. 제1

---

28 송덕수, 『신 민법강의』 제14판, 박영사, 2021, 1537쪽.

호~제5호에는 구체적·개별적으로 '배우자에 부정한 행위가 있었을 때' 등 다섯 가지가 있다. 그런데 제6호는 '기타 혼인을 계속하기 어려운 중대한 사유가 있을 때'이다. 제6호 이혼사유를 어떻게 해석하느냐에 따라 유책주의와 파탄주의로 갈린다. 기존 대법원 판례는 "혼인생활의 파탄에 대하여 주된 책임이 있는 배우자는 원칙적으로 그 파탄을 사유로 하여 이혼을 청구할 수 없는 것이 원칙"이라고 한다. 그래서 유책주의다. 파탄주의 대법관들은 제6호 해석을 변경하겠다는 것이다.

유책주의 이혼 방식은 부부를 더욱 불행하게 만든다고 파탄주의 대법관들은 주장한다. "주된 유책배우자의 이혼 청구라는 이유로 재판상 이혼을 허용하지 아니한 결과, 부부가 서로 승소하기 위하여 상대방의 귀책사유를 부각시킬 수밖에 없게 됨에 따라, 이혼소송 절차에서 부부 쌍방은 혼인생활 과정에서 발생한 갈등과 대립을 들추어내어 그에 관한 책임 공방을 벌이게 되고 아울러 상대방에 대한 비난과 악감정을 쏟아 내게 되어 부부관계는 더욱 적대적으로 되고 이혼소송의 심리가 과거의 잘못을 들추어내는 것에만 집중되는 나머지 이혼 과정에서의 갈등 해소, 이혼 후의 생활이나 자녀의 양육과 복지 등에 관하여 합리적인 해결책을 모색하는 데에 상대적으로 소홀하게 되는 폐단이 있어 왔다." 누구에게 책임이 있는지 가리기 어렵다는 이유도 든다. "부부공동생활관계가 회복할 수 없을 정도로 파탄된 상태가 장기화되면서 파탄에 책임 있는 배우자의 주된 유책성도 약화될 수 있으며, 파탄 상태의 장기간 지속 원인이나 그 밖의 다른 여러 사정이 변화하면서 책임의 경중을 엄밀히 따지는 것에 관한 법적·사회적 의의가 현저히 줄고 쌍방의 책임의 경중에 대하여 단정적인 판단을 내리는 것 역시 곤란하거나 적절하지 아니한 상황에 이를 수도 있다."

판례 변경에 반대하는 대법관들은 '그래서 협의이혼이 있는 것이니 상대를 설득해서 협의이혼을 하면 될 일'이라고 한다. "파탄주의를 채택하고 있는 여러 나라의 이혼법제는 우리나라와 달리 재판상 이혼만을 인정하고 있을 뿐 협의상 이혼을 인정하지 아니하고 있다. 우리나라에서는 유책배우자라 하더라도 상대방 배우자와 협의를 통하여 이혼을 할 수 있는 길이 열려 있을 뿐만 아니라, 실제로도 2014년 현재 전체 이혼 중 77.7% 정도가 협의상 이혼에 해당하는 실정이다. 이는 곧 유책배우자라도 진솔한 마음과 충분한 보상으로 상대방을 설득함으로써 이혼할 수 있는 방도가 있음을 뜻하므로, 유책배우자의 행복추구권을 위하여 재판상 이혼 원인에 있어서까지 파탄주의를 도입하여야 할 필연적인 이유가 있는 것은 아니다." 게다가 파탄주의를 채택한 나라는 대책도 함께 가지고 있지만 우리나라는 그렇지 못하다고 한다. "파탄주의 입법례를 취하고 있는 나라들에서는 혼인생활이 파탄되더라도 미성년 자녀의 이익을 위하여 부부관계를 유지하는 것이 꼭 필요한 특별한 사정이 있거나 이혼에 동의하지 아니하는 일방에게 심히 가혹한 결과를 초래하는 경우 등에는 이혼을 허용하지 아니하는 이른바 '가혹조항'을 두어 파탄주의의 한계를 구체적이고 상세하게 규정하고 있고, 나아가 이혼을 허용하는 경우에도 이혼 후 부양 제도라든지 보상급부 제도 등 유책배우자에게 이혼 후 상대방에 대한 부양적 책임을 지우는 제도를 마련하고 있는 것이 일반적이다."

파탄주의를 지지하는 대법관들은 법률이 정한 이혼 시스템을 인정하라고 한다. 협의로 이혼이 되지 않을 때 재판으로 이혼을 하라는 것인데, 한쪽 의사만으로는 이혼하지 못한다는 것은 이 체계를 부정한다는 것이다. "상대방 배우자의 혼인계속의사는 부부공동생활관계가 파탄되고 객관적으로 회복할 수 없을 정도에 이르렀는지 등을 판단할 때에 참작하여야 하는 중요한 요소라 할 수 있다. 그렇지만 그러한 의사를 참작하였음에도 부부공동생활관계가 객관적으로 회복할 수 없을 정도로 파탄되었다고 인정되는 경우에, 다시 상대방 배우자의 주관적인 의사만을 가지고 형식에 불과한 혼인관계를 해소하는 이혼 청구가 불허되어야 한다고 단정하는 것은 불합리하며, 협의가 이루어지지 아니할 때의 혼인 해소 절차를 규정한 재판상 이혼 제도의 취지에도 부합하지 아니한다." 끝으로 혼인관계 피탄이 증명됐는데도 이혼을 시켜 주지 않는 것은 법원이 사적 보복을 돕는 것이라고 한다. "유책배우자에게 외형뿐인 혼인관계가 계속 되도록 강제하여 참을 수 없는 고통을 받게 함으로써 그에 대한 응보 내지 사적 보복을 달성하기 위한 수단이 되어서는 아니 된다." 이런 의견에 대법관 여섯 명이 찬성했고, 이에 반대하는 의견에 권순일 대 법관을 비롯한 일곱 명이 찬성했다. 유책주의 판례는 유지된다.

그리고 유책주의란 무엇인지 재확인한다. "제6호 이혼사유의 의 미에 관하여 대법원 판례는 혼인의 본질에 상응하는 부부공동생활 관계가 회복할 수 없을 정도로 파탄되고, 혼인생활의 계속을 강제하 는 것이 일방 배우자에게 참을 수 없는 고통이 되는 경우를 말한다 고 해석하여 왔다. 종래의 대법원 판례를 변경하는 것이 옳다는 주 장은 그 주장이 들고 있는 여러 논거를 감안하더라도 아직은 받아들 이기 어렵다." 그러면서도 당사자가 가혹한 상황에 처하게 되는 특 별한 사정이 있다면 예외를 인정할 수 있다고 한다. "대법원 판례에 서 이미 허용하고 있는 것처럼 상대방 배우자도 혼인을 계속할 의사 가 없어 일방의 의사에 의한 이혼 내지 축출이혼의 염려가 없는 경 우는 물론, 나아가 이혼을 청구하는 배우자의 유책성을 상쇄할 정도 로 상대방 배우자 및 자녀에 대한 보호와 배려가 이루어진 경우, 세 월의 경과에 따라 혼인 파탄 당시 현저하였던 유책배우자의 유책성 과 상대방 배우자가 받은 정신적 고통이 점차 약화되어 쌍방의 책임 의 경중을 엄밀히 따지는 것이 더 이상 무의미할 정도가 된 경우 등과 같이 혼인생활의 파탄에 대한 유책성이 그 이혼 청구를 배척해야 할 정도로 남아 있지 아니한 특별한 사정이 있는 경우에는 예외적으로 유책배우자의 이혼 청구를 허용할 수 있다." 그럼에도 이 사건 이혼 청구는 기각됐다.

혼인은 계약 어쩌면 신분

혼인은 계약이라고 민법 교과서가 설명합니다. 양 당사자 의사가 합치
해야 혼인이 이뤄지기 때문입니다. 합의가 없으면 혼인은 무효라고 민법
제815조 제1호에도 나옵니다. 그런데 혼인을 계약으로 인정할 것인지를
두고 미국에서 논쟁이 있었습니다. 혼인에 따른 권리와 의무는 국가가 법
률로 규정하는 것이지 당사자가 정하지 않는다는 이유입니다. 혼인은 계
약(contract)이라기보다 신분(status)이라는 것입니다. — 본문에서

최고 법률이론가로 대법원 수석재판연구관이 꼽힙니다. 대법관
을 이론적으로 뒷받침하는 대법원 재판연구관실 책임자입니다. 오
히려 대법관은 정치적인 선발 과정을 거칩니다. 국회의 동의를 받아
대통령이 임명합니다. 출신, 학교, 성별, 경력 등을 고려합니다. 이
사건 주심인 김용덕 대법관과 그리고 권순일 대법관도 수석재판연
구관 출신입니다. 김용덕 대법관은 유책주의를 파탄주의로 바꿔야
한다고 생각해 왔고, 신중하게 골라낸 사례가 이 사건입니다. 대법
관 열두 명과 대법원장이 참여하는 전원합의체 사건에서 대법원장
은 다수의견에 서는 게 관례입니다. 결과적으로 대법원장이 결론을
주도한 것으로 보입니다. 그런데 대법관 여섯 명 대 여섯 명으로 갈

리는 사건은 대법원장이 캐스팅 보트를 줍니다. 이 사건에 대법원장이 유책주의에 서면서 결론이 정해졌습니다. 이에 대한 권순일 대법관 설명입니다. "대법원장은 원래 파탄주의를 지지하는 입장이었습니다. 그런데 국민의 일상생활에 중대한 영향을 미치는 법정책을 변경할 때에는 다수의견이 압도적이 되어야 한다는 관점에서 종래 견해를 유지하는 쪽으로 결론을 내린 것입니다." 논쟁이 치열한 사건에서 아슬아슬하게 판례를 변경하면 되레 논란을 키울 수 있다는 것입니다.

파탄된 가정의 이혼을 허용하지 않는 것은 개인의 행복추구권 침해라는 설명이 있습니다.[29] 이혼의 자유는 헌법이 보장하는 기본권이라는 것입니다. 그런데 판결을 읽으면서 다수의견은 혼인생활을 중요하게 보고, 반대의견은 개인 행복을 중요시하는 것 같았습니다. 하지만 그렇지 않다고 권순일 대법관은 말했습니다. "헌법 제36조 제1항은 '혼인과 가족생활은 개인의 존엄과 양성의 평등을 기초로 성립되고 유지되어야 하며, 국가는 이를 보장한다'고 규정합니다. 개인의 행복추구권을 존중하는 데 다수의견과 반대의견 사이에 차이는 없다고 봅니다. 그리고 법이 이혼을 허용하지 않는다고 파탄된 혼인관계가 회복되는 것도 아닙니다. 입법으로는 파탄주의를 신중

29 윤신수, 『친족상속법 강의』 제2판, 박영사, 2018, 82쪽.

하게 고려할 필요가 있고, 서구 각국에서는 파탄주의로 바뀌고 있습니다. 개인의 행복이 기존의 혼인관계를 유지해야만 제대로 구현된다고 생각하지도 않습니다."

이 사건 쟁점은 더욱 세밀하다고 합니다. "부부 한쪽이 이혼을 원하지 않으면 다른 한쪽은 이혼소송으로 갑니다. 소를 제기한 사람에게 혼인 파탄 책임이 있어도 법원이 이혼을 허용할지가 문제입니다. 민법 제840조는 유책주의를 택하고 있어 이혼은 허용되지 않는다는 것이 대법원 판례입니다. 이 판례를 변경하면 두 가지 문제가 생깁니다. 이혼은 상대 배우자나 자녀에게 미치는 영향이 커서 요건 등을 법률로 정하고 있습니다. 법률 개정 없이 대법원이 유책배우자의 이혼 청구를 허용하는 파탄주의로 변경해도 될까요. 물론 일본은 최고재판소 판결로 파탄주의로 변경했습니다. 파탄주의로 변경하려면 이혼 후 부양 제도를 도입할 필요가 있습니다. 여성에게 불리한 사회·경제적 현실, 양성평등에 관한 시민의 요구 등을 고려하면 제도적 뒷받침이 먼저 필요합니다. 이러한 제도 없이 파탄주의로 가서 헌법이 보장하는 개인의 존엄과 양성의 평등을 기초로 하는 혼인 제도가 유지될지 의문입니다." 규범적인 원리가 구체적으로 드러나는 것은 복잡하고 혼란스러운 국면을 통해서이듯이,[30] 헌법이 보장

---

30 이연식, 『이연식의 서양미술사 산책』, 은행나무, 2017, 39~40쪽.

하는 혼인 제도가 구현되는 것도 혼인 해소를 어떻게 허용하는지에 달려 있다는 것입니다.

파탄주의 지지자들은 유책주의 이혼 탓에 이혼 법정에서 가혹하게 상대를 추궁하게 되는데, 이 과정을 거치면 이혼을 해도 못해도 문제라고 지적합니다. 상대와 이어진 자신의 삶까지 부정할 우려가 있다고 합니다. 그래서 파탄증명만으로 이혼 판결을 해 줘야 배우자를 비난할 필요가 없어진다고 합니다. 이에 대한 권순일 대법관 생각입니다. "파탄주의 견해가 유책주의의 폐단이라고 그러한 비판을 하는데 설득력이 없습니다. 민법 제840조 제6호 '기타 혼인을 계속하기 어려운 중대한 사유가 있을 때'가 있기 때문입니다. 이 조항에 근거해 책임을 가리기 어려운 경우에도 이혼할 수 있습니다. 오히려 유책주의는 누가 봐도 부당한 이혼을 막으려는 제도입니다. 사실혼 관계를 맺어 사실상 중혼을 하는 경우, 이유 없이 부당하게 쫓아내는 이혼 같은 경우를 막으려는 것입니다. 그러면서도 앞서 말한 것처럼 유책배우자의 이혼 청구를 예외적으로 인정하는 제6호도 마련하고 있습니다."

다수의견에 나오는 중혼 관련 설명은 이렇습니다. "유책배우자의 책임사유로는 여러 가지가 있겠지만 현실적으로 가장 문제가 되는 것은 배우자 아닌 사람과 사실혼에 가까운 불륜관계를 맺는 경우이다. 여러 나라에서 간통죄를 폐지하는 대신 중혼에 대한 처벌 규정을 두고 있는 것에 비추어 보면 이에 대한 아무런 대책 없이 파탄주의를 도입한다면 법률이 금지하는 중혼을 결과적으로 인정하게 될 위험이 있다." '배우자 있는 자는 다시 혼인하지 못한다'는 중혼 금지 규정이 민법 제810조에 있습니다. 금지되는 혼인은 법률혼만을 가리킵니다. 법률혼을 한 사람이 다른 이와 사실혼관계를 맺는 경우 중혼이 아닙니다.[31] 다시 권순일 대법관 얘기입니다. "중혼은 일부일처제에 반하는 것인데 우리나라에는 중혼에 대한 형사적 제재가 없습니다. 유책배우자의 이혼 청구를 허용하지 않는 이유에는 사실상 중혼인 사람이 기존 법률상 배우자를 축출하는 것을 막으려는 의도도 있습니다. 과거와 비교하면 여성의 경제활동이 활발해지고 지위도 높아졌습니다. 양성평등이 진전됐지요. 하지만 젊은 시절에 결혼해서 아이 키우고 남편 뒷바라지하고 시부모 봉양만 해 온 사람을 자기가 성공했다고 해서 축출하면 어떻게 되는 건가요. 그렇게 평생 살아온 여성으로서는 사실상 모든 걸 잃게 되는 것이라고 합니다. 혼인생활에서 생기는 신분(身分)이 굉장히 중요하더라고요. 자신의 존재 이유에 관한 것입니다. 남편과 성적 관계를 유지하고 그러는 차원을 넘어 집안의 며느리고 종부라는 것인데, 그런 사람을 쫓아내면 안 되지요."

---

31 송덕수, 『신 민법강의』 제14판, 박영사, 2021, 1519쪽.

혼인은 계약이라고 민법 교과서가 설명합니다.[32] 양 당사자 의사가 합치해야 혼인이 이뤄지기 때문입니다. 합의가 없으면 혼인은 무효라고 민법 제815조 제1호에도 나옵니다. 그런데 혼인을 계약으로 인정할 것인지를 두고 미국에서 논쟁이 있었습니다. 혼인에 따른 권리와 의무는 국가가 법률로 규정하는 것이지 당사자가 정하지 않는다는 이유입니다. 혼인은 계약(contract)이라기보다 신분(status)이라는 것입니다. 최근 들어서는 혼인을 계약으로 보면 혼인 당사자, 특히 여성 보호에 문제가 생기고 자녀에게 불리한 결과가 생길 수 있다는 점도 강조한다고 합니다.[33] 앞서 권순일 대법관 설명은 이 논의를 강조한 것입니다. 얘기를 더 들어 보겠습니다. "'혼인과 가족생활은 개인의 존엄과 양성의 평등을 기초로 성립되고 유지되어야 하며, 국가는 이를 보장한다'고 헌법 제36조 제1항에 나옵니다. 국가가 보장한다는 겁니다. 법률로 보장한다는 겁니다. 대상은 혼인과 가족생활입니다. 그런데 남편이 바람이 나서 나가서 살아도 가족공동체는 유지되는 경우가 있지요. 부인이 애들 보살피고 시부모까지 모시고 있고요. 이런 경우 가족생활이 파탄 상태인가요. 오히려 국가가 보호해 줘야 하는 것은 아닌가요."

---

32 윤진수, 『친족상속법 강의』 제2판, 박영사, 2018, 19쪽.
33 윤진수, '혼인과 이혼의 법경제학', 『법경제학연구』 제9권 제1호, 2012, 40쪽.

구체적인 쟁점인 민법 제840조 제6호 '기타 혼인을 계속하기 어려운 중대한 사유가 있을 때'를 제1호~제5호와 같은 유책주의 맥락으로 봐야 한다고 권순일 대법관은 설명합니다. "제6호는 제1호~제4호에 없는 경우를 포괄적으로 정한 것이지요(제5호는 '배우자의 생사가 3년 이상 분명하지 아니한 때'). 법원이 구체적인 사안에서 합리적이고 바람직한 결론을 내리도록 폭넓게 정해 둔 것이지, 유책주의를 배제한 것은 아닙니다. 사람과 사람의 문제가 단순하고 명쾌하지는 않으니까 이렇게 정해 둔 것입니다. 혼인생활이 강제되면 개인 존엄과 양성평등에 위배되는 경우에 법원이 재량을 가지고 이혼 판결을 해 주라는 것이지요. 가사재판이 다른 민사재판과 똑같은 게 아니잖아요. 법원이 고도의 후견적인 측면에서 제6호를 인정하라는 취지에서 이렇게 만들어진 것입니다. 만일 제6호가 파탄주의 규정이라면 제1호~제4호에 개별적이고 구체적인 유책주의 사유를 규정할 필요가 있을까요."

혼인과 가족생활 문제를 법원이 후견적으로 판단한다는 게 무슨 뜻일까요. "민사소송에서 당사자가 변론하지 않으면 패소합니다. 이러한 변론주의가 원칙적으로 가사소송에도 적용됩니다. 그렇지만 여러 면에서 많이 다르지요. 상대방이 이혼재판에 나오지 않았는데 판사가 이혼 판결을 에 주기 않습니다. 법원이 재판을 좌우하는 직권주의 요소가 가사소송에 있어요. 이기고 지는 문제 이상의 가치가

5장 이혼

있기 때문입니다. 가사소송법의 목적을 정한 제1조를 보면 이렇습니다. '이 법은 인격의 존엄과 남녀평등을 기본으로 하고 가정의 평화 및 친족 간에 서로 돕는 미풍양속을 보존하고 발전시키기 위하여 가사에 관한 소송과 비송 및 조정에 대한 절차의 특례를 규정함을 목적으로 한다.' 도덕률 성격이 강합니다. 가정이 행복해야 좋은 나라가 된다는 생각이 있지요. 그리고 제1조 뒷부분에 나오듯이 가사재판에 비송과 조정도 있습니다. 나이가 많은 부모의 후견인을 누가해라, 아이의 친권은 누가 가져라 하면서 가정생활을 만들어 냅니다. 권리와 의무를 정하는 수준을 넘어서는 거죠. 그래서 가사재판에서 법원이 후견적 역할을 하는 것이라고 합니다."

가사소송법의 목적이라는 인간 존엄과 가정 평화란 무엇일까요. 우선은 부부가 이혼하지 않아야 평화로운 가정이 존재하는 것일까요. 사실 부부가 이혼해도 가정은 남습니다. 한부모 가정도 있고 할머니가 손자를 돌보는 가정도 있습니다. 권순일 대법관의 얘기입니다. "이 문제에 관한 관념도 변하는 것 같습니다. 너무나 폭력적인 아버지 밑에서 고통받으며 사는 것보다 어머니와 둘이 사는 것이 행복한 가족일 수 있습니다. 이런 경우 국가가 개입해 이혼 판결을 함으로써 가족생활을 보호하는 것이지요. 무엇이 더 행복한 가정인지는 세월에 따라 계속 변하는 것 같습니다." 유책주의에서 파탄주의로 판례를 변경할지는 오래된 논쟁입니다. 그런데 뜻밖에도 적

잖은 대법관들이 전원합의체 심리 과정에서 입장을 바꿨다고 합니다. "처음에는 유책주의를 유지하자는 대법관이 네 명 정도였습니다. 그런데 이 사건 공개변론에서 파탄주의를 지지하는 의견서를 제출한 친족법 전문가, 사회학자들이 축출이혼이나 중혼적 사실혼 등으로 발생할 상대 배우자 보호가 미흡하다는 데 의견의 일치를 보였습니다. 이후 합의 과정에서 유책주의가 다수의견이 되는 데 결정적 영향을 미친 것이 사실입니다. 추상적인 이론이 아니라 구체적인 사실에서 정의가 발견된다는 것이 드러난 경우입니다. 전원합의체를 비롯해 재판의 본질은 법관들의 투표가 아니라 토론이라는 걸 제대로 보여 준 사례이기도 하고요."

──── 이 장에서 살펴본 판결·결정 ────

· 대법원 2015. 9. 15. 선고 2013므568 전원합의체 판결 – 파탄주의와 유책주의

5장 이혼

디지털

무한정 복제해 무기한 보관한다

> 강력부 검사는 다음 날 대검찰청 D-NET를 찾아가 제약회사 저장장치
> 를 자신의 개인 저장장치에 다운로드했다. 그리고 12일 동안 다양한 방
> 법으로 이 정보를 검색하고 출력했다. 제약회사에는 알리지도 참여시키
> 지도 않았다. 영장 범위를 넘는 수색이기 때문이다. 검색을 통해 당초 압
> 수·수색 사유 배임죄와 무관한 약사법 위반, 조세범처벌법 위반 실마리
> 를 찾아냈다. 이런 정보를 같은 수원지방검찰청 특수부 검사에게 주고
> 자신의 외장하드를 압수하라고 했다. ― 본문에서

어느 제약회사 회장의 배임 혐의를 수사한다며, 수원지방검찰청
강력부 검사가 2011년 4월 이 회사를 수색했다. 외장하드, 노트북,
하드디스크 같은 전자정보 저장매체 일곱 개를 확보했다. 영장에는
배임 혐의와 관련한 정보만이 압수 대상이라고 적혀 있었다. 이에
강력부 검사는 저장매체들을 제약사 회장 동의를 받아 검찰청으로
가지고 갔다. 검사가 설명한 이유는 압수 대상 자료와 그렇지 않은
자료를 구분하기 어렵고, 이미징 방식으로 복제하기에도 용량이 너
무 크다는 것이었다. 이 저장매체들을 다음 날 대검찰청 디지털포렌
식센터로 가져가 분석을 의뢰했다. 디지털포렌식센터 수사관이 대

검찰청 서버인 원격디지털공조시스템(D-NET)에 이 저장매체들을 이미징해 저장했다. 검찰이 제약회사 관계자를 참여시킨 것은 압수해 온 저장매체 봉인을 해제하고 쓰기방지 장치를 연결할 때까지만이다. D-NET에 저장하는 사실은 제약회사에 알리지 않았고, 따라서 참여시키지도 않았다.

저장장치를 디지털포렌식센터에서 돌려받은 수원지방검찰청 강력부 검사는 같은 해 5월 제약회사에 반환했다. 하지만 강력부 검사는 다음 날 대검찰청 D-NET를 찾아가 제약회사 저장장치를 자신의 개인 저장장치에 다운로드했다. 그리고 12일 동안 다양한 방법으로 이 정보를 검색하고 출력했다. 제약회사에는 알리지도 참여시키지도 않았다. 영장 범위를 넘는 수색이기 때문이다. 검색을 통해 당초 압수·수색 사유 배임죄와 무관한 약사법 위반, 조세범처벌법 위반 실마리를 찾아냈다. (배임 혐의는 이후 법원에서 무죄가 확정됐다.) 이런 정보를 같은 수원지방검찰청 특수부 검사에게 주고 자신의 외장하드를 압수하라고 했다. 그런데 수원지방법원 판사는 강력부 검사의 외장하드를 압수해 증거로 만들겠다는 특수부 검사의 요구대로 영장을 내주었다. 특수부 검사는 제약회사에 통지하지도 않고 강력부 검사실을 압수·수색했다. 별건수사를 받게 된 제약회사는 이런 압수·수색은 위법이라며 문제를 제기했다.

사건은 수원지방법원을 거쳐 대법원으로 갔다. 검사의 압수를 문제 삼는 소송을 준항고, 준항고 결과에 대한 이의를 재항고라 부른다. 재항고에서 대법원은 특수부 검사가 강력부 검사실에서 제약회사 저장장치 복제본을 압수·수색한 것은 위법이라고 했다. 대법관 전원일치로 이 압수·수색 처분을 취소했다. 피압수자 참여권을 보장한 형사소송법 제121조 위반이 이유다. '검사, 피고인 또는 변호인은 압수·수색영장의 집행에 참여할 수 있다'는 조항이다. 전원일치로 위법이라고 판단이 나왔지만 이러한 압수·수색이 사실은 흔했다. 그래서 수원지방법원 판사도 쉽게 영장을 내준 것이고, 수원지방검찰청도 준항고를 거쳐 재항고까지 하면서 다툰 것이다. 그동안 검찰이 무서워 피압수자들이 입을 다문 것뿐이다. 대법원이 밝힌 위법인 이유를 간략하게 정리하면 이렇다. "강력부 검사가 제약회사 참여 없이 개인 저장장치에 복제한 것부터 위법한 압수이다. 따라서 특수부 검사가 영장을 받았다고 해도 위법한 압수·수색이다. 당시 특수부 검사에게 압수당한 사람도 강력부 검사가 아니라 전자정보 원래 소유자인 제약회사로 봐야 한다. 그런데 피압수자인 제약회사를 참여시키지 않았으므로 역시 위법하다."

대법관들 의견이 갈린 곳은 강력부 검사의 압수·수색을 어떻게 취소할지였다. 강력부 검사는 영장을 한 번 받아 세 번 추가 압수·수색을 했다. 제약회사 저장장치를 가져 나온 다음, 이를 대검찰청

D-NET에 복제(제1처분)하고, 다시 검사 개인 저장장치에 복제(제2처분)해, 여기에서 영장 혐의인 배임과 무관한 정보를 출력(제3처분)했다. 이러한 압수·수색 취소에서 기준을 영장으로 할지, 처분으로 할지로 의견이 갈렸다. 영장이 기준이면 판단 대상은 하나이고, 처분이 기준이면 판단 대상은 셋이다. 영장이 기준이라는 의견은 이렇다. "전자정보에 대한 압수·수색 과정에서 이루어진 현장에서의 저장매체 압수·이미징·탐색·복제 및 출력행위 등 수사기관의 처분은 하나의 영장에 의한 압수·수색 과정에서 이루어지는 것이다. 그러한 일련의 행위가 모두 진행되어 압수·수색이 종료된 이후에는 특정 단계의 처분만을 취소하더라도 그 이후의 압수·수색을 저지한다는 것을 상정할 수 없고 수사기관으로 하여금 압수·수색의 결과물을 보유하도록 할 것인지가 문제 될 뿐이다. 압수·수색 과정 전체를 하나의 절차로 파악하여 그 과정에서 나타난 위법이 압수·수색 절차 전체를 위법하게 할 정도로 중대한지 여부에 따라 전체적으로 그 압수·수색 처분을 취소할 것인지를 가려야 할 것이다."

앞 처분이 위법이면 뒤 처분은 당연히 위법이다. 위법이 합법을 낳지는 못한다. 뒤 처분이 위법일 때 앞 처분을 어찌할지가 문제인데, 영장 단위로 판단하는 의견은 앞 처분도 없애는 것이다. 처분별로 나눠서 판단하여야 한다는 의견은 앞 처분도 경우에 따라 유효할 수 있다는 것이다. 처분별로 판단해야 한다는 의견은 이렇다. "압수 처분 이후에 이루어진 다른 압수 처분에 어떠한 잘못이 있다고 해서 적법하게 수집된 증거의 효력까지 소급하여 부정할 것은 아니라고 본다. 이 점은 피의자 등 관계자의 동의 아래 임의제출 등으로 적법하게 압수 처분이 이루어진 뒤에 그 동의를 철회하고 후속 처분의 중지를 요구받았다 하여 이미 이루어진 압수 처분의 효력이 부정될 수 없는 것과 마찬가지이다." 그 근거는 이렇다. "형사소송법 제417조는 '검사 또는 사법경찰관의 압수에 관한 처분에 대하여 불복이 있으면 법원에 그 처분의 취소 또는 변경을 청구할 수 있다'고 규정하고 있을 뿐이므로, 일련의 과정을 거쳐 단계적으로 이루어지는 압수·수색 과정에 여러 개의 처분이 있을 경우 전체를 하나의 절차로 파악하여 위법 여부를 판단하여야 한다는 다수의견의 해석론은 형사소송법 제417조에서 곧바로 도출되는 것이라고 보기 어(렵다)." 처분별로 본다는 이 의견이 소수의견이고, 권순일·김용덕 대법관 의견이다.

다수의견을 쓴 사람은 김소영 대법관인데, 그는 소수의견을 반박한 보충의견에도 참여했다. 다수의견 별개의견은 이렇다. "압수의 목적물이 컴퓨터용 하드디스크나 휴대전화기 등 전자정보가 저장된 대용량의 저장매체일 경우, 그 안에는 수많은 문서, 동영상, 사진 등이 파일 형태로 저장되고, 그 파일을 작성한 시간, 인터넷 접속 기록 등이 세세하게 기록되어 있으며, 향후 과학기술이 발전할수록 기존의 법률이 예상조차 할 수 없었던 엄청난 양의 정보가 담기게 될 가능성이 있다. 이러한 전자정보는 개인의 행동을 시간, 장소적으로 재구성할 수 있게 할 뿐만 아니라 개인의 내밀한 생각까지 포함하고 있는 경우가 많아 그 보유자가 대체로 타인과 공유하는 것을 원하지 않는 것인데도 그 정보의 무한 복제가 가능하다. 전자정보에 대한 압수·수색에 있어서 영장주의의 정신을 살리기 위해서는 전자정보의 이러한 특성에 비추어 보다 세심한 접근이 필요하고, 수사기관이 찾고자 하는 물건이 그 물건의 외적 특성을 통해 구별되거나 문서 사본의 존재가 유한한 종전의 일반적인 물건에 대한 압수·수색에 관한 제한 이론만으로는 개인이나 기업의 정보 대부분을 담고 있는 전자정보에 대한 부당한 압수·수색으로부터 헌법이 보장하는 국민의 기본적 인권을 보호하고 제대로 지켜 낼 수 없다."

구체적인 내용으로 들어가서, 제2처분과 제3처분이 위법하다는 데는 다수의견과 소수의견 사이에 차이가 없다. 제1처분을 두고 의견이 갈린다. 다수의견은 제1처분이 위법하지 않지만 영장을 기준으로 판단해야 하는데 제2처분과 제3처분에서 영장주의가 훼손됐다며 제1처분도 취소한다. 소수의견은 처분별로 판단하는데, 권순일 대법관은 제1처분이 위법하지 않으므로 살려 둬야 한다고 했고, 이와 달리 김용덕 대법관은 제1처분도 위법하므로 취소해야 한다고 했다. 판단 기준만 보면 처분별로 나눠서 보는 점에서 권순일 대법관과 김용덕 대법관이 같지만, 취소 여부만 보면 세 처분을 모두 취소한 다수의견과 김용덕 대법관이 같다. 제1처분이 위법하지 않다고 다수의견이 먼저 판단하고, 이를 권순일 대법관이 인용하지만, 다수의견에도 구체적인 설명은 없다. 그저, 검사가 D-NET에 복제한 이유는 저장매체를 제약회사에 빨리 돌려주기 위해서라는 정도다.

이와 달리 제1처분을 위법으로 판단한 김용덕 대법관 의견은 이렇다. "검사는 배임으로 기소된 사건에서 검사가 영장에 기한 압수·수색으로 취득한 증거를 제출하지 않았음을 자인하고 있으며, 오히려 원심 결정 이후 영장"[34] 기재 혐의사실과 관련하여 무죄가 선고되어 확정되었음을 알 수 있다. 그리고 영장에는 '압수의 방법'으로 '범죄사실과 직접 관련된 전자정보와 직접 관련되지 않은 전자정보가 혼재된 전자정보장치는 그 소유자 등이 동의하지 않는 한 그 전부를 사본하거나 이미징하여 압수할 수 없고, 범죄사실과 관련된 전자정보는 참여인의 확인을 받아 하드카피·이미징하거나 출력물을 수집하는 방법으로 압수함(다만 하드카피·이미징 또는 문서의 출력을 할 수 없거나 상당히 곤란한 경우에는 컴퓨터 저장장치 자체를 압수할 수 있고, 이 경우에는 수사에 필요한 상당한 기간이 경과한 후에 지체 없

---

34 강력부 검사가 받은 영장을 제1영장, 특수부 검사가 발부받은 영장을 제2영장이라고 판결은 구분해서 쓰고 있다. 하지만 여기에서는 강력부 ┄┄ 받은 영장만 문제 돼 그냥 영장으로 고쳐서 옮겼다.

이 반환하여야 함)'이라는 취지가 기재되어 있(다). 위 혐의사실 수사를 위하여 위 전자정보파일이나 이를 수록한 이 사건 저장매체를 압수할 필요가 없음이 밝혀진 이상, 수사기관은 더 이상 제1처분으로 인하여 취득한 이 사건 저장매체에 관한 이미징 복제본을 보유할 수 없고 오히려 이를 삭제·폐기하는 등의 방법으로 피압수자에게 반환하여야 할 것이다. 결국, 이 사건 저장매체에 관하여 이루어진 제1처분은 영장에서 정한 압수의 목적 내지 필요성의 범위를 벗어나 이루어진 것으로서 위법하다고 볼 수 있고, 더 이상 이를 유지시킬 필요가 없어 취소함이 타당하다."

한편, 이 판결에는 강력부 검사가 한 어느 처분도 위법이 아니라는 반대의견도 있었다. 김창석 대법관과 검사 출신 박상옥 대법관이다. 요약하면, 일단 증거를 살려 두어 기소는 하게 해 주고, 재판에 가서 증거로 인정할지 말지 정하면 된다는 것이다. "위법하게 수집한 증거라는 이유만으로 증거능력이 배제된다는 필연적인 결론이 도출되는 것은 아니다. 예외적으로 증거능력이 인정될 수 있는 증거인지 여부는 결국 당해 사건의 공판 과정에서 가려지게 될 것인데, 그 전 단계인 압수 처분에 대한 준항고 절차에서 이를 판단하도록 하는 것은 적절하지도 않을뿐더러 자칫하면 장차 법정에서 증거능력이 인정되어 증거로 채택될 수 있는 압수물임에도 그 전 단계에서 증거로서의 사용 가능성이 원천적으로 배제되는 부당한 결과가 초래될 수 있기 때문이다. 요컨대 압수 처분에 대한 준항고 절차에서는, 설령 그 압수·수색 절차에 위법이 있다고 하더라도 장차 그 압수물이 법정에서 증거능력이 부여될 수도 있다는 가능성을 염두에 두고, 절차 위반의 정도가 중대하여 장차 증거로서의 사용 가능성을 원천적으로 배제하여야 할 정도에 이른 경우에 한하여 그 압수·수색의 취소를 명할 수 있다고 보아야 한다.˝

나는 전자정보이로소이다

프랑스 정부는 2015년 파리 테러가 발생하자 국가비상사태를 선포했습니다. 1955년 만들어진 비상사태법에 따라 내무부 장관의 명령만으로 주거 수색이 가능했습니다. 수색 과정에서 접근 가능한 모든 컴퓨터 데이터도 복제할 수 있었습니다. 이 정보를 바탕으로 500점 넘는 무기를 찾아냈습니다. 그런데 수색이 한창이던 2016년 2월 헌법재판소가 "수색 과정에서 안보 및 공공질서에 위협이 되지 않는 사람의 정보까지 복제될 수 있다"며 위헌을 선언하고, 데이터 복제를 막았습니다. — 본문에서

미국 역사 최악의 판결로 '흑인 노예는 인간이 아니다'라고 선언한 '드레드 스콧 대 샌드퍼드 사건'이 꼽힙니다. "우리 앞에 놓인 문제는 이 나라에 수입되어 팔려 온 조상을 둔 흑인 계급이 주권국가의 구성원으로서 선출된 대표를 통해 정부를 운영하는 국민의 한 축을 이룰 수 있느냐 하는 것이다. 우리는 그렇지 않다고 생각한다. 흑인들은 헌법에서 시민이라는 어휘로 지칭한 계급에 포함되지 않으며 헌법이 제정될 당시 그들을 포함시킬 의도조차 없었기 때문에 그들은 미합중국 시민에게 보장하는 헌법상의 권리와 특전 가운데 어느 것도 주장할 자격이 없다."[35] 하지만 이 연방대법원 판결과 상관없이

스콧은 이듬해 자유인이 됐습니다. 노예주의 새 남편이 부인을 설득해 스콧을 해방했습니다. 오히려 판결 때문에 노예와 노예주의 갈등이 더욱 격렬해지고 남북전쟁으로 이어졌습니다. 최악의 판결을 작성한 로저 태니(Roger B. Taney) 대법원장의 후손이 2017년 드레드 스콧의 후손에게 사과했습니다.[36] 연방대법원 판결 160년 만입니다. 이렇듯 잘못된 판결은 갈등을 해소하지 못하고 오히려 깊게 만듭니다. 권위가 갈등을 풀지 못합니다. 설득이 갈등을 해소합니다.

저는 2021년 전자정보 압수수색 실태를 취재해 기획기사를 썼습니다.[37] 제약회사 판결이 나오고 6년이 지나서인데, 이 시간은 대법관 임기와 같습니다. 검찰이 압수·수색한 전자정보를 무제한 저장하는 사실을 확인했습니다. 요약하면 이렇습니다. "검찰은 2012년 4월 D-NET 구축 이후 전자정보 이미징 데이터 14만 1739건을 서버에 저장했고, 이 중 35.2%인 4만 9942건은 지난 2월 기준으로 여전히 서버에 남아 있다. 이 가운데 스마트폰 데이터는 총 5만 441건이 저장돼 1만 4550건이 남아 있다. 검찰이 삭제하지 않고 저장해 놓고

---

35 Dred Scott v. Sandford, 60 U.S. (19 How.) 393 (1857). 번역은 L. 레너드 케스터, 『미국을 발칵 뒤집은 판결 31』, 2012, 현암사, 218쪽에서 가져옴.

36 time.com, 'How Descendants of a Slave and a Supreme Court Justice Righted a 160-Year-Old Wrong', MARCH 8, 2017.

37 경향신문, 연재 '전자정보 압수수색 시대', 2021년 3월 17일 ~ 4월 7일. 이 장 서술 가운데 이 연재 기사에서 가져온 대목이 있음.

있는 전자정보 데이터는 위법적인 별건수사로 연결될 수 있다. 수사 중인 범죄 혐의와 무관한 정보들까지 들어 있기 때문이다. 법조계 관계자는 '검찰이 D-NET에 대한 압수·수색영장을 법원에 청구하고 더러는 받아 낸다. 저장한 데이터에서 새롭게 혐의를 찾아내는 것…'(이라)고 말했다. 압수한 전자정보를 D-NET에 저장하는 근거는 대검찰청 내부 예규인 '디지털 증거의 수집·분석 및 관리 규정' 등이다. 그러나 법률에는 수사기관이 관리하는 전자정보를 통제하는 규정이 없다. 다만 법원이 압수·수색영장에서 '전자정보의 필요성이 소멸된 후에는 지체 없이 삭제·폐기하여야 함'이라고 당부할 뿐이다. 대검찰청 예규의 폐기 조항이 2017년에 생겼지만 판단·결정하는 주체가 검사이고 예외 규정도 너무 넓어 실효성이 없다는 지적이 많다."[38]

우려는 이론에 그치지 않았습니다. 어느 대기업 임원은 국회의원 등 유력인 자녀를 직원으로 뽑아 준 혐의로 2019년 기소됐습니다. 그런데 검찰이 주장하는 부정 채용은 2012년과 2013년에 있었습니다. 이렇게 오래된 사건을 기소할 수 있던 이유는, 검찰이 과거 확보한 전자정보를 보관하고 있었기 때문입니다. 임원은 2013년 다른 일로 검찰 수사를 받았는데 모두 무죄가 났습니다. 하지만 검찰

---

38 경향신문, ''수사 빌미' 개인정보 검찰, 5만건 보관 중', 2021년 3월 29일 자.

은 당시 압수한 아이폰, 아이패드2, 아이패드미니 데이터를 그대로 가지고 있었습니다. 이에 서울남부지방법원은 두 번째 압수가 위법이라고 했습니다. "(2013년) 제1영장은 '증거물 수집이 완료되고 복제한 저장매체를 보전할 필요성이 소멸된 후에는 혐의사실과 관련 없는 전자정보를 지체 없이 삭제·폐기하여야 함'이라고 하여 압수 대상 및 방법을 제한하고 있다. 그리고 늦어도 피고인 ○○○ 등에 대한 종전 사건이 무죄로 최종 확정된 2018. 5. 4. 이후로는 제1영장에 기한 압수물을 해당 재판 절차에 증거로 제출할 필요성이나 가능성은 없게 되었다. 이 사건 포렌식 자료를 삭제·폐기하지 아니하고 계속 보관한 조치가 위법한 이상, (2019년) 제2영장에 의하여 다시 압수되었다고 하여 그 하자가 치유되는 것도 아니다." 하지만 당초 판사가 제2영장을 왜 발부했는지 의문입니다.

이런 맥락에서 권순일 대법관에게 물었습니다. 다수의견은 영장을 기준으로 판단하고, 권순일 대법관은 처분마다 판단했습니다. "영장 발부가 위법하다며 취소를 요구한다면 영장에 대한 항고가 됩니다. 하지만 현행 형사소송법에는 영장항고 제도가 없습니다. 영장을 두고 반복해서 판단하는 것이 검사나 피의자에게 도움이 안 된다고 보기 때문입니다. (하지만 최근에는 영장항고를 도입해야 한다는 의견도 있습니다.) 대신 검사가 압수·수색해서 재판에 제출한 증거의 승거능력을 문제 삼습니다. 이 사건 쟁점도 검사의 처분인 압수

· 수색이지 판사의 판단인 영장 발부가 아닙니다. 원심 수원지방법원도 '각 압수 처분은 영장주의와 적법 절차 원칙에 위배되어 위법하다'고 했습니다. 그런데 대법원 다수의견은 원심이 단계별로 취소한 것은 적절치 않다면서도 결과적으로는 처분이 모두 취소되어서 괜찮다고 합니다. 하지만 이 재판 근거는 '검사의 압수에 관한 처분에 대하여 불복이 있으면 법원에 그 취소 또는 변경을 청구할 수 있다'는 형사소송법 제417조입니다. 수사기관 처분에 대한 항고이지, 영장 재판에 대한 항고가 아닙니다. 사실 다수의견도 영장을 취소하라는 것이 아니라 영장에 따른 압수 · 수색을 전체적으로 취소하라는 것입니다. 언뜻 다수의견이 적법 절차를 중시하는 것처럼 보여도 그렇지 않습니다. 다수의견은 여러 처분 가운데 일부가 위법해도 전체적으로 중대하지 않으면 처분들이 모두 유효하다고 해석될 위험이 있습니다. 제가 별개의견에서 지적한 것은 올바른 법해석입니다. 결론이 정당하다고 논리적 근거 없이 이론을 만들다 보면 다른 곳에서 문제가 생길 수 있습니다."

압수한 전자정보의 D-NET 저장에 관해 물었습니다. 판결에는 제1처분으로 나오는데, 합법으로 판단한 의견은 두 가지입니다. 모든 처분이 합법이라는 김창석 · 박상옥 대법관 소수의견, 제1처분은 합법이다는 긴순일 대법관 소수의견입니다. 모든 처분이 합법이라는 소수의견의 보충의견은, 영장에 기재되지 않은 무관정보를 검사가 취득한다 해도 도리가 없다고 했습니다. "이미 무관정보를 취득한 상태라면 이러한 금지 조치나 원상회복 조치는 더 이상 청구할 실익이 없으므로 압수 처분의 취소는 별다른 의미가 있다고 보기 어려우며, 수사기관이 무관정보를 증거로 제출할 경우 영장주의에 위반하여 수집한 위법수집증거로서 증거능력을 배제하는 것이 원칙적인 의미를 갖게 된다." 이와 달리 권순일 대법관은 무관정보는 삭제·폐기해야 한다고 했습니다. "이미징 복제본은 영장 기재 범죄사실과 관련 있는 정보를 탐색하고 이를 출력 또는 복제하는 과정이 모두 종료됨으로써 보전의 필요성이 없어진 때, 즉 압수·수색이 전체로서 종료된 때에는 삭제·폐기되어야 한다." 이에 관한 권순일 대법관 인터뷰입니다. "세 처분이 모두 유효하다는 두 대법관을 빼고는, 제1처분이 적법하다고 해도 영장과 무관한 정보는 즉시 반환·폐기해야 한다는 데 대법관 모두 의견이 일치했습니다. 수사기관이 무관정보를 보관하는 사태가 발생하면 안 된다는 것입니다. 무관정보를 보관해도 도리가 없다는 의견은 부적절하다고 봅니다." 결과 면에서 다수의견과 권순일 대법관 의견 차이는 제1처분의 유관정보를 어떻게 볼 것인지입니다. 다수의견은 취소했고, 권순일 대법관은 살려 두었습니다. 제1처분에서 검사가 확보한 배임 관련 증거는 별다른 게 없어서 법정에 제출되지 않았고, 피고인도 무죄가 났습니다.

대법원은 특수부 검사가 강력부 검사의 저장장치를 압수한 처분을 대법관 전원일치로 취소하면서도, 이러한 처분의 계기가 '우연한 발견'이라면 가능하다고 했습니다. "혐의사실과 관련된 전자정보를 적법하게 탐색하는 과정에서 별도의 범죄 혐의와 관련된 전자정보를 우연히 발견한 경우라면 법원에서 별도의 범죄 혐의에 대한 압수·수색영장을 발부받은 경우에 한하여 그러한 정보에 대하여도 적법하게 압수·수색을 할 수 있다." 하지만 미국에서는 무제한 검색이 가능한 전자정보에서 우연한 발견은 없다고 판결한 바 있습니다. 2003년 메이저리그 야구단은 선수노조와 합의해 전체 선수의 약물 사용 여부를 검사했습니다. 양성이 5% 이상이면 이듬해부터 무작위 약물검사와 징계를 도입하기로 했습니다. 이 무렵 연방 수사당국은 금지약물 복용이 의심되는 선수 열 명의 검사 결과를 압수하는 영장을 받았습니다. 압수 과정에서 선수 전원의 검사 결과를 발견해 복제했습니다. 제9연방항소법원은 "최초 수사 대상 열 명에 대한 증거만 쓸 수 있다"고 판결하고, 전자정보 압수·수색 네 가지 기준을 제시했습니다. "우연한 발견은 더 이상 인정되지 않는다. 압수·수색 전에 증거분석 계획을 내라. 수사 담당자는 디지털포렌식에 관여하지 못한다. 영장과 무관한 정보는 폐기한다." 권순일 대법관의 얘기입니다. "저도 제9연방항소법원 판결을 지지하는 입장입니다. 다만 2021년 현재 대법원에 계속 중인 사건이 있어 언급을 피하는 것이 옳겠습니다."

전자정보 압수수색 결정은 2015년에 나왔습니다. 2021년에 사후

잣대로 평가하기에는 한계가 있습니다. 하지만 갈등이 첨예해지리라는 것은 당시에도 알 수 있었습니다. "형사소송법에 관련 조항이 만들어지기 시작하고, 우리나라나 외국에서도 판례가 형성되던 시기입니다. 지금 보기에는 내용이 정밀하거나 명쾌하지 않을 수 있지만, 대법관들 사이에 문제의식은 분명히 공유하고 있었습니다"라고 권순일 대법관은 설명합니다. 처분을 나눠서 취소할지, 모든 처분을 취소할지를 두고 치열하게 싸우던 대법관들이 '우연한 발견'을 전원일치로 인정한 것은 아이러니입니다. 지금은 국회가 형사소송법을 개정해 영장항고 제도를 도입해야 한다는 의견이 있습니다. 구속영장은 여러 차례 이의제기를 할 수 있습니다. 영장심사, 구속적부심사, 보석 청구 등에서 가능합니다. 이와 달리 압수·수색영장은 발부되면 그걸로 끝입니다. 그래서 전자정보 압수가 인권침해 우려가 큰 만큼 이의제기를 인정해야 한다는 것입니다. 다만 증거인멸 등을 막기 위해 수사기관이 증거를 보전하도록 해 주자는 전제를 달 수 있다고 합니다. 본안 재판에 가서 위법한 증거라고 주장해도 범죄의 중대성 등을 이유로 인정하지 않고, 그 전에 압수·수색이 영장 범위를 벗어났다고 준항고를 해도 이미 정보가 검찰 손에 들어간 다음이니, 압수·수색영장의 적정성 여부도 고등법원, 대법원에서 다툴 수 있어야 한다는 주장이 있습니다.[39]

---

39 경향신문, "'네 정보 내놔'를 멈출 5가지 제안", 2021년 4월 7일 자.

요즘 같은 글로벌 시대에는 갈등의 양상이 비슷한 경우가 있습니다. 끝으로 전자정보를 다루는 외국의 사례 두 가지를 소개합니다. 캐나다의 한 남성은 부인에게 폭력을 썼다가 접근금지 명령을 받아 집에 들어가지 못하게 됐습니다. 이 무렵 부인은 자신과 남편이 함께 쓰던 노트북에 아동포르노가 있다고 신고했고, 경찰은 부인의 동의를 받아 노트북을 압수해 갔습니다. 수사기관은 법원에서 수색영장을 받아 아동포르노 사진 140장과 영상 22개를 찾아내 남성을 기소했습니다. 하지만 2018년 캐나다 대법원은 노트북 압수가 위헌이라며 무죄를 선고했습니다. "다른 사람과 컴퓨터를 공유하는 일이 국가의 부당한 압수에서 보호받을 권리를 포기하는 것은 아니다. 이 사건에서 아동포르노물을 증거로 인정한다면 사법 절차는 오명을 안게 될 것이다." 프랑스 정부는 2015년 파리 테러가 발생하자 국가 비상사태를 선포했습니다. 1955년 만들어진 비상사태법에 따라 내무부 장관의 명령만으로 주거 수색이 가능했습니다. 수색 과정에서 접근 가능한 모든 컴퓨터 데이터도 복제할 수 있었습니다. 이 정보를 바탕으로 500점 넘는 무기를 찾아냈습니다. 그런데 수색이 한창이던 2016년 2월 헌법재판소가 "수색 과정에서 안보 및 공공질서에 위협이 되지 않는 사람의 정보까지 복제될 수 있다"며 위헌을 선언하고, 데이터 복제를 막았습니다.

6장 디지털

· 대법원 2015. 7. 16.자 2011모1839 전원합의체 결정 – 제약회사 압수수색 취소

7장

준강간 불능미수

장애미수 중지미수 그리고 불능미수

"피고인은 위 기재 일시, 장소에서 피해자가 실제로는 반항이 불가능할 정도로 술에 취하지 아니하여 항거불능의 상태에 있는 피해자를 강간할 수 없음에도 불구하고, 피해자가 술에 만취하여 항거불능의 상태에 있다고 오인하여 누워 있는 피해자를 위와 같은 방법으로 1회 간음하였다. 이로써 피고인은 피해자의 항거불능 상태를 이용하여 피해자를 강간하려 하다가 미수에 그쳤다." 제2심 법원은 준강간을 무죄로, 준강간미수를 유죄로 판단해 징역 2년 등을 선고했다. ― 본문에서

"피고인은 2017. 4. 17. 22:30경 자신의 집에서 피고인의 처, 피해자와 함께 술을 마시다가 다음 날 01:00경 피고인의 처가 먼저 잠이 들고 02:00경 피해자도 안방으로 들어가자 피해자를 따라 들어간 뒤, 누워 있는 피해자의 옆에서 피해자의 가슴을 만지고 팬티 속으로 손을 넣어 음부를 만지다가, 몸을 비틀고 소리를 내어 상황을 벗어나려는 피해자의 입을 막고 바지와 팬티를 벗긴 후 1회 간음하여 강간하였다." 스물세 살 군인 박 아무개 씨가 강간 혐의로 기소됐다. 재판이 시작되자 군검사는 준강간을 예비적 혐의로 넣고 예비적 공소사실을 수가했다. 주위적 공소사실에 있는 '몸을 비틀고 소리를

내어 상황을 벗어나려는 피해자의 입을 막고'를 예비적 공소사실에서 '술에 취하여 누워 있는'으로 바꿨다. 그래서 "피고인은 위 가항 기재 일시, 장소에서 술에 취하여 누워 있는 피해자를 위와 같은 방법으로 1회 간음하였다. 이로써 피고인은 피해자의 항거불능 상태를 이용하여 피해자를 강간하였다"가 됐다. 이와 관련한 형법 조항은 이렇다. 강간(제297조) 폭행 또는 협박으로 사람을 강간한 자는 3년 이상의 유기징역에 처한다. 준강간(제299조) 사람의 심신상실 또는 항거불능의 상태를 이용하여 간음 또는 추행을 한 자는 제297조의 예에 의한다.

제1심 법원은 강간 혐의를 무죄로, 준강간 혐의를 유죄로 판단해 징역 3년을 선고했다. '몸을 비틀고 소리를 내어 상황을 벗어나려는' 부분을 군검사가 증명하지 못했다고 했다. "항거를 불가능하게 하거나 현저히 곤란하게 할 정도의 폭행 또는 협박이 있었을 것이라고 쉽사리 단정할 수 없다"고 했다. 이에 박 씨는 준강간 유죄가 부당하다며 항소했다. 제2심에서 군검사는 공소장을 다시 변경했다. 준강간을 주위적 공소사실로, 준강간미수를 예비적 공소사실로 했다. 제1심 재판에서 입증하지 못한 '몸을 비틀고 소리를 내어 상황을 벗어나려는 피해자의 입을 막고'를 뺐다. 준강간미수를 위한 제2심 예비적 공소사실이다. "피고인은 위 기재 일시, 장소에서 피해자가 실제로는 반항이 불가능할 정도로 술에 취하지 아니하여 항거불능의 상태에 있는 피해자를 강간할 수 없음에도 불구하고, 피해자가 술에 만취하여 항거불능의 상태에 있다고 오인하여 누워 있는 피해자를 위와 같은 방법으로 1회 간음하였다. 이로써 피고인은 피해자의 항거불능 상태를 이용하여 피해자를 강간하려 하다가 미수에 그쳤다." 제2심 법원은 준강간을 무죄로, 준강간미수를 유죄로 판단해 징역 2년 등을 선고했다. 이에 박 씨가 준강간미수 유죄도 부당하다며 상고하면서 사건은 대법원으로 갔다.

대법원은 공소사실을 법률적으로 판단했다. 사실이 아닌 법률에 대한 판단이어서 같은 행동을 한 모든 이에게 적용된다. "실제로는 반항이 불가능할 정도로 술에 취하지 아니하여 항거불능의 상태에 있는 피해자를 강간할 수 없음에도 불구하고, 피해자가 술에 만취하여 항거불능의 상태에 있다고 오인하여 누워 있는 피해자를 위와 같은 방법으로 1회 간음하였다." 이런 행동이 처벌 대상인지 정하기 위해 대법관 전원이 모여서 토론을 벌였다. 토론에 등장하는 형법 미수범 조항들은 이렇다. 미수범(제25조) 제1항 범죄의 실행에 착수하여 행위를 종료하지 못하였거나 결과가 발생하지 아니한 때에는 미수범으로 처벌한다. 중지범(제26조) 범인이 자의로 실행에 착수한 행위를 중지하거나 그 행위로 인한 결과의 발생을 방지한 때에는 형을 감경 또는 면제한다. 불능범(제27조) 실행의 수단 또는 대상의 착오로 인하여 결과의 발생이 불가능하더라도 위험성이 있는 때에는 처벌한다. 단, 형을 감경 또는 면제할 수 있다. 차례로 장애미수, 중지미수, 불능미수라고 부른다. 쟁점은 준강간 불능미수라는 게 있는지다.

준강간 불능미수를 처벌하지 못한다는 대법관들은 준강간과 불능미수는 결합하지 못한다고 본다. 이를 위해 불능미수(형법 제27조)라는 이름으로 처벌하는 사례부터 설명한다. "불능미수란 행위의 성질상 어떠한 경우에도 구성요건이 실현될 가능성이 없지만 '위험성' 때문에 미수범으로 처벌하는 경우를 말한다. 판례는 불능미수의 판단 기준으로서 위험성의 판단은 피고인이 행위 당시에 인식한 사정을 놓고 이것이 객관적으로 일반인의 판단으로 보아 결과 발생의 가능성이 있느냐를 따져야 한다는 입장을 취하고 있다. 대법원은 ① '초우뿌리' 또는 '부자' 달인 물을 피해자에게 마시게 하여 살해하려고 한 사건에서 피고인의 행위는 실행의 수단의 착오로 인하여 결과의 발생이 불가능한 때에 해당하지만 위험성이 있으므로 살인미수로 처벌한 것은 정당하다고 하였고 ② 야간주거침입절도 후 준강제추행 미수로 공소가 제기된 사건에서 피고인이 피해자의 주거에 침입할 당시 피해자는 이미 사망한 상태였기 때문에 피고인의 행위는 대상의 착오로 인하여 결과의 발생이 불가능한 때에 해당하지만 위험성이 있기 때문에 원심이 피고인을 주거침입 후 준강제추행의 불능미수의 유죄로 인정한 것은 정당하다고 판단하였다."

이어서 불능미수 조항이 왜 있는지 설명한다. 범행에 실패하는 장애미수(제25조)와 다르게 불능미수(제27조)는 처음부터 불가능한 시도라고 한다. 원칙적으로 처벌 대상이 아니지만 사회적 위험성을 고려해 처벌한다는 것이다. 따라서 위험성 판단 기준도 특정 피고인의 판단력 수준이 아니라 사회적 기준이다. "형법 제27조의 입법 취지는, 행위자가 의도한 대로 구성요건을 실현하는 것이 객관적으로 보아 애당초 가능하지 않았기 때문에 원칙적으로 미수범으로도 처벌의 대상이 되지 않을 것이지만 규범적 관점에서 보아 위험성 요건을 충족하는 예외적인 경우에는 미수범으로 보아 형사처벌을 가능하게 하자는 데 있다. 그렇기 때문에 형법 제27조에서 말하는 결과 발생의 불가능 여부는 실행의 수단이나 대상을 착오한 행위자가 아니라 그 행위 자체의 의미를 통찰력이 있는 일반인의 기준에서 보아 어떠한 조건하에서도 결과 발생의 개연성이 존재하지 않는지를 기준으로 판단하여야 한다. 따라서 일정한 조건하에서는 결과 발생의 개연성이 존재하지만 특별히 그 행위 당시의 사정으로 인해 결과 발생이 이루어지지 못한 경우는 불능미수가 아니라 장애미수가 될 뿐이다."

다음으로 준강간이 무엇인지 형법 제32장 '강간과 추행의 죄'에 나오는 범죄들을 비교해 설명한다. 공통점은 보호법익이 성적 자기결정권이라는 점, 그래서 간음이라는 구성요건 결과가 발생해야 한다는 것이다. 간음은 넓게는 위법한 성적 욕구 충족행위를 말하지만, 여기에서는 남자 성기와 여자 성기의 삽입을 의미한다고 한다. "강간죄(제297조)는 폭행 또는 협박으로 사람을 강간함으로써 성립하는 범죄이다. 행위 양태는 '폭행 또는 협박'이고, 객체는 사람이며, 구성요건적 결과는 간음이다." 그리고 준강간을 비롯한 나머지 죄가 강간죄와 어떻게 다른지 설명한다. "준강간죄(제299조)는 그 특별한 행위 양태가 '사람의 심신상실 또는 항거불능의 상태를 이용'하는 것이라는 점에서, 미성년자 등에 대한 간음죄(제302조)는 객체가 미성년자 또는 심신미약자이고 그 특별한 행위 양태가 '위계 또는 위력'을 사용하는 것이라는 점에서, 미성년자에 대한 간음죄(제305조)는 객체가 13세 미만의 사람이고 그 범행 수단으로 폭행이나 협박, 위계나 위력을 사용하지 않아도 성립한다는 점에서 강간죄와 구성요건 요소를 달리한다." 준강간 등 형법 조항이다. 제299조(준강간, 준강제추행) 사람의 심신상실 또는 항거불능의 상태를 이용하여 간음 또는 추행을 한 자는 제297조의 예에 의한다. 제302조(미성년자 등에 대한 간음) 미성년자 또는 심신미약자에 대하여 위계 또는 위력으로써 간음 또는 추행을 한 자는 5년 이하의 징역에 처한다. 제305조(미성년자에 대한 간음, 추행) 제1항 13세 미만의 사람에 대하여 간음 또는 추행을 한 자는 제297조 … 제301조의2의 예에 의한다.

이제 결론에 이른다. "원심은 준강간의 특별한 행위 양태인 '심신상실 또는 항거불능의 상태를 이용하여' 간음하였다는 점에 대한 증거가 없다고 판단하였을 따름이다. 그리고 간음으로 인하여 피해자의 성적 자기결정권이 침해되었다는 점에 대해서는 의문이 없다. 그렇다면 이 사건이 과연 형법 제27조에서 말하는 '결과의 발생이 불가능'한 경우, 즉 '범죄행위의 성질상 결과 발생 또는 법익 침해의 가능성이 절대로 있을 수 없는 경우'에 해당하는가? 그렇지 않다고 보아야 한다. 이 사건은 미수범의 영역에서 논의할 문제가 아니다." 구성요건을 충족하지 못한 피고인의 행위는 처벌 대상이 아니라는 것이다. 그래서 강간죄 불능미수에 유죄를 선고한 원심이 잘못됐다고 밝힌다. "(유죄의견은) 피고인의 행위가 검사가 공소 제기한 범죄의 구성요건을 충족하지 못하면 그 결과의 발생이 불가능한 때에 해당한다는 것과 다름없고, 이 사건처럼 검사가 공소장에 기재한 적용법조에서 규정하고 있는 범죄의 구성요건 요소가 되는 사실을 증명하지 못한 때에도 불능미수범으로 처벌할 수 있다는 결론에 이르게 된다. 이러한 해석론은 근대 형법의 기본원칙인 죄형법정주의를 전면적으로 형해화하는 결과를 초래하는 것이어서 도저히 받아들일 수 없다. 원심 판결에는 형법 제27조의 불능미수에 관한 법리를 오해하여 판결에 영향을 미친 잘못이 있다."

이외 반대로 준강간 불능미수가 가능하다는 대법관들의 주장은 문상산과 불능미수가 결합할 수 있다는 것이다. 불능미수부터 정의

한다. "구성요건의 충족은 불가능하지만, 그 행위의 위험성이 있으면 불능미수로 처벌한다. 불능미수의 성립요건인 '위험성'은 피고인이 행위 당시에 인식한 사정을 놓고 일반인이 객관적으로 판단하여 결과 발생의 가능성이 있는지 여부를 따져야 한다." 무죄의견과 별다른 차이가 없다. 차이는 준강간죄 구성요건 해석이다. 구성요건이란 형법에 규정된 범죄 유형을 말한다.[40] 가령 살인죄의 구성요건은 '사람을 살해한 자'이다. 앞서 무죄의견은 준강간죄의 수단이 '사람의 심신상실 또는 항거불능의 상태를 이용'하는 것, 객체가 '사람'이라고 봤다. 하지만 유죄의견은 다르다. "준강간죄는 사람의 심신상실 또는 항거불능의 상태를 이용하여 간음함으로써 성립하는 범죄로서, 정신적·신체적 사정으로 인하여 성적인 자기방어를 할 수 없는 사람의 성적 자기결정권을 보호법익으로 한다. 심신상실 또는 항거불능의 상태는 피해자인 사람에게 존재하여야 하므로 준강간죄에서 행위의 대상은 '심신상실 또는 항거불능의 상태에 있는 사람'이다. 그리고 구성요건에 해당하는 행위는 그러한 '심신상실 또는 항거불능의 상태를 이용하여 간음'하는 것이다. 심신상실 또는 항거불능의 상태에 있는 사람에 대하여 그 사람의 그러한 상태를 이용하여 간음행위를 하면 구성요건이 충족되어 준강간죄가 기수에 이른다." 기수란 범죄행위를 끝냈거나 결과를 일으킨 경우, 미수란 범죄

---

40 오영근, 『형법총론』 제3판, 박영사, 2014, 62쪽.

를 끝내지 못했거나 결과가 발생하지 않은 경우다.[41]

이제 불능미수와 준강간을 결합한다. "피고인이 피해자가 심신상실 또는 항거불능의 상태에 있다고 인식하고 그러한 상태를 이용하여 간음할 의사를 가지고 간음하였으나, 실행의 착수 당시부터 피해자가 실제로는 심신상실 또는 항거불능의 상태에 있지 않았다면, 실행의 수단 또는 대상의 착오로 준강간죄의 기수에 이를 가능성이 처음부터 없다고 볼 수 있다. 이 경우 피고인이 행위 당시에 인식한 사정을 놓고 일반인이 객관적으로 판단하여 보았을 때 정신적·신체적 사정으로 인하여 성적인 자기방어를 할 수 없는 사람의 성적 자기결정권을 침해하여 준강간의 결과가 발생할 위험성이 있었다면 불능미수가 성립한다." 성적 자기결정권 침해 위험성이 있었다며 불능미수가 성립된다고 했다. 그리고 결론이다. "피고인이 준강간의 고의로 피해자를 간음하였으나, 피해자가 실제로는 심신상실 또는 항거불능의 상태에 있지 않아 실행의 수단 또는 대상의 착오로 인하여 준강간의 결과 발생이 불가능한 경우에 해당하고, 피고인이 인식한 사정을 놓고 일반인이 객관적으로 판단하여 보았을 때 결과 발생의 가능성이 있으므로 위험성이 인정된다. 준강간죄의 불능미수를 유죄로 인정한 원심의 결론은 정당하다."

---

41 오영근, 『형법총론』 제3판, 박영사, 2014, 305쪽.

이런 결론에 대해 무죄의견은 유죄의견이 문언을 왜곡한다고 주장한다. "(유죄의견은) 준강간죄의 행위의 객체를 '심신상실 또는 항거불능의 상태에 있는 사람'이라고 보고 있다. 그러나 형법 제299조는 '심신상실 또는 항거불능의 상태를 이용'하여 '사람'을 '간음 또는 추행'하는 것을 처벌하고 있다. 즉 심신상실 또는 항거불능의 상태를 이용하는 것은 범행 방법으로서 구성요건의 특별한 행위 양태에 해당하고, 구성요건 행위의 객체는 사람이다. 이러한 점은 '폭행 또는 협박으로 사람을 강간한 자는 3년 이상의 유기징역에 처한다'라고 정한 형법 제297조의 규정과 비교하여 보면 보다 분명하게 드러난다. 형법 제297조의 '폭행 또는 협박으로'에 대응하는 부분이 형법 제299조의 '사람의 심신상실 또는 항거불능의 상태를 이용하여'라는 부분이다. 구성요건 행위이자 구성요건 결과인 간음이 피해자가 저항할 수 없는 상태에 놓였을 때 이루어진다는 점은 강간죄나 준강간죄 모두 마찬가지이다. 다만 강간죄의 경우에는 '폭행 또는 협박으로' 항거를 불가능하게 하는 데 반하여, 준강간죄의 경우에는 이미 존재하고 있는 '항거불능의 상태를 이용'한다는 점이 다를 뿐이다. 다수의견의 견해는 형벌조항의 문언의 범위를 벗어나는 해석이다." 이 판결에서 유죄의견이 다수이고 무죄의견이 소수이다. 권순일 대법관은 소수의견 집필자이다.

죄형법정주의의 발전 혹은 붕괴

"형법은 죄형법정주의에 따라 법률 조항을 엄격하게 해석하는 것이 중요합니다. 형법 제27조에 규정된 '실행의 수단' 또는 '대상의 착오'가 명확히 구별되지 않는다거나 결론에 영향을 미치는 것도 아니라고 하는 것은 형법총칙의 해석론을 포기한다는 것에 다름 아니지요. 이런 접근 방법은 결론부터 먼저 내리고 이유를 만들어 낸다는 오해를 받을 수 있습니다."

— 본문에서

근대는 시민혁명으로 시작됐고, 시민혁명은 죄형법정주의를 만들었습니다. 1789년 프랑스 인권선언 제8조는 '법은 엄격히 그리고 명백히 필요한 형벌만을 설정해야 하고 누구도 범죄 이전에 제정·공포되고 또 합법적으로 적용된 법률에 의하지 아니하고는 처벌될 수 없다'고 했습니다. 하지만 역사는 후퇴하게 마련이고 죄형법정주의도 시련을 겪습니다. 독일 나치 정권의 시도가 대표적인 사례입니다. 1871년 제정 독일 형법은 유추해석 금지를 명시했는데 1935년 나치 정권이 유추해석을 가능하게 했습니다. '건전한 국민감정에 반하는 행위는 법률이 없어도 벌할 수 있다'고 했습니다. 1926년 소비에트 형법도 '공산주의 혁명 목적상 사회에 위험한 행위는 실정법을 떠나서 처벌할 수 있다'고 했습니다. 현대적 의미에서 죄형법정주의는 형식적 의미의 죄형법정주의 기본원칙을 유지하면서도, 그 정신을 최대한 살릴 수 있도록 부분적으로 수정하는 실질적 죄형법정주의를 따른다고 합니다.[42] 죄형법정주의의 원칙을 정한 대한민국헌법 제12조 제1항은 '누구든지 … 법률과 적법한 절차에 의하지 아니하고는 처벌·보안처분 또는 강제노역을 받지 아니한다'고 선언하고 있습니다. 준강간 불능미수 판결은 죄형법정주의의 한계를 두고 토론한 사건입니다.

주심 김선수 대법관은 다수의견과 함께 다수의견 보충의견도 썼습니다. 다수의견 보충의견이 따로 있는 이유는 다수의견 가운데 일부만 참여하기 때문입니다. 보충의견은 반대의견이 성기 삽입을 성적 자기결정권 침해로 파악한 것부터 잘못이라고 합니다. 지적대로 합의된 성기 삽입도 자기결정권 침해인가 싶습니다. 권순일 대법관 답변입니다. "형법 제32장 강간과 추행의 죄의 보호법익은 개인의 성적 자유 또는 성적 자기결정권이라고 주석서에도 나옵니다. 그리고 제297조 강간은 폭행·협박으로 반항을 불가능하게 하거나 현저히 곤란하게 하여 간음하는 것입니다. 여기에서 간음이란 남자 성기와 여자 성기의 삽입이라고 합니다. 따라서 간음이 성적 자기결정

---

42 오영근, 『형법총론』 제3판, 박영사, 2014, 27쪽.

권 침해라는 데 이론이 있을 수 없습니다. 반대의견이 성기의 결합이 발생했다고 해서 모두 간음으로 보는 것이 아닙니다. 강간죄 또는 준강간죄에 규정된 행위로서 성기의 결합이 이루어졌을 때 이를 간음이라고 하는 것입니다. 하지만 보충의견은 '성적 자기결정권의 침해라는 결과는 간음행위만에 의해 발생하는 것이 아니고 피해자의 자기결정권을 침해하는 별도의 가해자의 행위 또는 피해자의 상태 등과 결합하여서만 발생하는 것이다'라고 합니다."

준강간 불능미수가 가능하다는 다수의견은, 준강간 객체가 '심신상실 또는 항거불능 상태에 있는 사람'이라고 합니다. 심신상실 또는 항거불능 상태에 있는 사람이 준강간 객체라면, 심신상실 또는 항거불능 상태에 있지 않은 사람을 간음한 경우 객체 착오가 됩니다. 대상을 착오한 경우 불능미수입니다. '불능범(제27조) 실행의 수단 또는 대상의 착오로 인하여 결과의 발생이 불가능하더라도 위험성이 있는 때에는 처벌한다.' 이와 달리 반대의견은 '사람'이라고 봅니다. 구성요건의 객체에 관한 형법 교과서의 설명은 이렇습니다. '살인죄에서 사람, 절도죄에서 재물 등과 같이 행위의 객체는 개별 범죄에 규정되어 있다.'[43] 권순일 대법관 인터뷰. "형법 제32장에서 객체가 사람인 조항이 강간(제297조), 강제추행(제298조), 준강간(제

---

43 오영근, 『형법총론』 제3판, 박영사, 2014, 86쪽.

299조)입니다. 미성년자 또는 심신미약자로 정한 조항이 미성년자 등에 대한 간음(제302조), 13세 미만의 사람으로 정한 조항이 미성년자에 대한 간음 추행(제305조)입니다. 보충의견은 '사람의 심신상실 또는 항거불능의 상태를 이용하여야 하므로 행위의 객체는 심신상실 또는 항거불능의 상태에 있는 사람이라고 해석할 수밖에 없다'고 합니다. 이런 논리를 따르면 강간죄나 강제추행죄의 객체는 사람이 아니라 폭행 또는 협박을 당한 사람이라는 것이 되는데, 상식적이지도 않고 형벌조항의 문언에도 반합니다."

다수의견은 '심신상실 또는 항거불능의 상태'를 두 차례 씁니다. 범죄의 객체 즉 대상으로, 범죄의 수단으로입니다. 그래서 "심신상실 또는 항거불능의 상태에 있는 사람에 대하여 그 사람의 그러한 상태를 이용하여 간음행위를 하면 구성요건이 충족되어 준강간죄가 기수에 이른다"고 합니다. 보충의견에서는 다수의견이 왜 이렇게 논리를 구성했는지 설명합니다. 실행 수단의 착오와 대상의 착오를 구분할 실익이 없다는 것입니다. "실행의 수단의 착오 또는 대상의 착오가 명확히 구분된다고 볼 수 없을 뿐만 아니라 수단의 착오와 대상의 착오 중 어느 것인지를 구분하는 것이 '그로 인하여 결과의 발생이 불가능'하다는 결론에 영향을 미치는 것도 아니므로 구분될 실익도 없다." 하지만 이 판결 반대의견에는 재반론이 없습니다. 반대의견을 작성한 권순일 대법관에게 물었습니다. "형법은 죄형법정주의에 따라 법률 조항을 엄격하게 해석하는 것이 중요합니다. 형법 제27조에 규정된 '실행의 수단' 또는 '대상의 착오'가 명확히 구별되지 않는다거나 결론에 영향을 미치는 것도 아니라고 하는 것은 형법총칙의 해석론을 포기한다는 것에 다름 아니지요. 이런 접근 방법은 결론부터 먼저 내리고 이유를 만들어 낸다는 오해를 받을 수 있습니다."

권순일 대법관은 이른바 성인지 감수성 판결[44]과 성적 자기결정권 판결[45]을 소부에서 주심이 되어 내렸습니다. 각각 성희롱 징계가 지나치다며 취소한 원심을 파기하고, 성매매 여성 추행을 무죄로 본 원심을 파기한 판결입니다. 앞 판결에서는 처음으로 성인지 감수성을 재판 기준으로 제시했습니다. "법원이 성희롱 관련 소송의 심리를 할 때에는 그 사건이 발생한 맥락에서 성차별 문제를 이해하고 양성평등을 실현할 수 있도록 '성인지 감수성'을 잃지 않아야 한다. 그리하여 우리 사회의 가해자 중심적인 문화와 인식, 구조 등으로 인하여 피해자가 성희롱 사실을 알리고 문제를 삼는 과정에서 오히려 부정적 반응이나 여론, 불이익한 처우 또는 그로 인한 정신적 피해 등에 노출되는 이른바 '2차 피해'를 입을 수 있다는 점을 유념하

---

44 대법원 2018. 4. 12. 선고 2017두74702 판결.
45 대법원 2019. 6. 13. 선고 2019도3341 판결.

여야 한다." 뒤 판결에서는 피해자 입장을 충분히 고려하라고 했습니다. "피해자가 성매매 및 필로폰 투약에 동의하였다는 사정만을 근거로 피고인이 공소사실 기재 행위를 하였음을 인정할 증거가 없다고 단정하였다면 이는 도저히 받아들일 수 없다. 심신미약의 상태에 있는 피해자가 원치 않는 성적 접촉 또는 성적 행위에 대하여 거부의사를 명확히 밝히지 않았다 하여 동의를 한 것으로 쉽게 단정해서는 안 됨은 물론이다." 이러한 판결들을 내린 대법관이 준강간 불능미수는 왜 반대하는지 물었습니다. "성인지 감수성 판결은 기본적으로 증거법의 문제입니다. 증거력을 판단할 때에 증인과 같거나 비슷한 처지에 있는 사람을 '평균인'으로 보아 증거의 신빙성 유무를 판단하여야 하고, 남성과 여성을 가르는 성(gender)의 차이도 신중하게 감안하여야 한다는 것입니다. 성적 자기결정권 사건에서는, 미성년자와 성매매 합의를 하였다 하여 어떤 짓을 해도 좋다는 의미로 해석하기 어렵다는 것입니다. 성매매 합의라는 사실만으로 모든 것이 증명되었다고 볼 수 없다는 이야기입니다. 미성년자라는 사실, 나아가 피해자의 연령, 성행, 지능과 환경 등 여러 사항을 종합적으로 고려해야 합니다."

이 판결에는 보충의견이 하나 더 있습니다. 미수범 영역에서 이 사건을 논할 수 없다는 반대의견을 반박합니다. 민유숙·노정희 두 대법관이 참여했습니다. "피고인이 목적 내지 의욕한 대로 간음이 이루어졌다 하더라도, 폭행이나 협박에 의하여 혹은 피해자의 심신 상실이나 항거불능의 상태를 이용하여 간음한 것이 아니라면 인과관계의 결여로 미수범은 성립할 수 있다." 이에 대한 권순일 대법관의 설명입니다. "강간죄는 폭행·협박행위와 간음행위가 결합된 범죄이기 때문에, 피해자인 사람의 반항을 불가능하게 하거나 현저히 곤란하게 할 정도의 폭행·협박이 개시된 때에 실행의 착수가 있다고 봅니다. 둘째 보충의견에서처럼, 그런 행위가 없었다면 실행의 착수도 없었던 것이고, 구성요건 해당성이 애초부터 결여된 것이므로 범죄의 성립을 따질 수 없습니다. 그것이 곧 근대 형법의 대원칙인 죄형법정주의의 요체입니다. 구성요건적 행위가 없었으므로, 인과관계의 존부도 따질 필요가 없겠지요. 둘째 보충의견은 범죄론의 체계를 몰각한 발상이라고 봅니다."

특히 둘째 보충의견은 비동의 간음죄를 판례로도 만들 수 있다고 합니다. "강간죄와 준강간죄를 규정한 형법 규범과 대법원이 그 해석을 통하여 요구하는 정도의 폭행·협박이나 항거불능 상태의 이용에 의하지 않은 간음이라 하더라도 실제 피해자의 성적 자기결정권이 침해되는 경우가 충분히 있을 수 있다. 그리고 그 가능성은 구성요건적 행위를 엄격하게 해석할수록 커진다." 이에 대한 권순일 대법관 인터뷰. "근대 형법은 자유주의에 기초하고 있습니다. 결과 발생을 근거로 관련 행위들을 위험한 행위로 보아 처벌하자는 생각은 죄형법정주의에 정면으로 위배되는 전체주의적 발상입니다. 비동의 간음죄 신설 여부는 입법정책의 문제이지만 저는 신중히 접근하여야 한다고 봅니다. 법은 도덕의 최소한이라는 말이 있지요. 형사법은 외부로 나타난 행위와 발생한 결과에 대한 법적 책임의 존부와 범위를 규율합니다. 법의 영역과 윤리의 영역은 엄연히 구별되어야 합니다."

불능범을 규정한 형법 제27조는 법원이 형을 감경 또는 면제할 수 있다고 합니다. 불능범 처벌 여부를 국회가 아닌 법원에 맡긴 이유는 무엇인지 궁금했습니다. "불능범 형사처벌은 독일, 프랑스 등에서 오랫동안 논의해 온 문제이고 이론도 치열하게 대립하고 있습니다. 객관적으로 그러한 일은 발생하지 않겠지만 사회적 위험성이 있어 미수범으로 처벌한다는 것이지요. 위험의 의미를 두고 학설과 판례에 혼란이 있습니다. 그래서 가혹한 결과가 발생하지 않도록 감경 또는 면제할 수 있게 하고 있습니다. 의회가 불능범 조항을 형법에 규정한 이상 법원은 운영할 책무가 있습니다. 죄형법정주의 원칙에 특히 충실해야 하는 이유입니다."

───── 이 장에서 살펴본 판결·결정 ─────

· 대법원 2019. 3. 28. 선고 2018도16002 전원합의체 판결 – 준강간 불능미수

8장

법외노조

사법부에 미룰 일이 아니다

문재인 정부는 대법원 판결을 기다리면서 움직이지 않았다. 2019년 10월 전교조 전 위원장이 문재인 정부가 법외노조 통보를 취소하면 될 일이라고 비난했다. "정부가 행한 행정처분, 즉 '노조 아님 통보'를 정부 스스로 취소할 수 있(다). '대법원 판단을 기다려 보겠다'는 핑계는 참으로 군색하다. 사법부에 미룰 일이 아니다. 부당한 법외노조 통보로 피해를 감내해야 했던 세월이 박근혜 정부에서는 588일이었지만, 문재인 정부에서는 900일을 넘어서고 있다." — 본문에서

박근혜 정부 시절인 2013년 10월 고용노동부 장관은 전국교직원노동조합에 법외노조임을 통보했다. 이 통보는 하루아침에 나온 게 아니다. 전교조가 교원노조법을 위반하고 있으니 이를 해소하라고 노동부가 처음 요구한 때는 이명박 정부 시절이던 2010년 3월이다. 이유는 더 이상 교원이 아닌 사람도 조합원으로 인정하는 전교조 규약 부칙이 교원노조법에 어긋나기 때문이다. 이명박 정부의 시정명령을 요약하면 이렇다. "전교조의 조합원 자격 규정은 교원노조법 제2조에 위배된다. 전교조 규정은 조합원 자격이 있는 사람으로, 교원 신분을 상실하고 노동위원회에 부당노동행위 구제 신청조차 하

지 않은 사람, 중앙노동위원회 재심판정 이후 해고 소송 중인 사람도 포함하고 있다. 이를 2010년 5월까지 시정하라." 교원노조법을 보면, 교원 신분을 상실한 경우 중앙노동위 재심판정이 나오기 전까지만 조합원이다. 여기서도 해고가 인정된다면, 이 절차 다음으로 재판으로 간다고 해도 조합원이 아니다.

전교조 규약 부칙 제5조 제1항은 "규약 제6조 제1항의 규정에 불구하고 부당 해고된 교원은 조합원이 될 수 있다"이고, 제5조 제2항은 "종전 규약에 의거 조합원 자격을 갖고 있던 해직 교원 중 복직되지 않은 조합원 및 이 규약 시행일 이후 부당 해고된 조합원은 규약 제6조 제1항의 규정에 불구하고 조합원 자격을 유지한다"이다. 여기 제6조 제1항은 "전국의 유치원 및 초·중·고등학교의 교원은 조합원이 될 수 있다. 단, 사용자를 위해 일하는 자는 조합원이 될 수 없다"이다. 이 규칙들이 위반했다는 교원노조법 제2조는 "이 법에서 교원이란 초·중등교육법에서 규정하고 있는 교원을 말한다. 다만, 해고된 사람으로서 노동조합 및 노동관계조정법에 따라 노동위원회에 부당노동행위의 구제 신청을 한 사람은 노동위원회법에 따른 중앙노동위원회의 재심판정이 있을 때까지 교원으로 본다"는 내용이다. 지방노동위원회 판정 다음인 중앙노동위원회 재심판정에서 시련 행정법원으로 간다.

전교조는 2010년 5월로 정해진 시정명령 이행 시한을 같은 해 8월까지 연장해 달라고 고용노동부에 요구했다. 고용노동부는 받아들였다. 그러자 전교조는 같은 해 6월 시정명령이 잘못된 것이니 취소해 달라고 서울행정법원에 소장을 냈다. 법원은 전교조 주장에 근거가 없다며 시정명령을 취소하지 않고 유지했다. 2010년 11월 1심 서울행정법원이, 2011년 9월 2심 서울고등법원이, 2012년 1월 대법원이 차례로 전교조의 주장을 기각했다. 이에 고용노동부는 2012년 9월 다시 전교조에 시정명령을 내렸다. 시한은 같은 해 10월이었다. 이번에도 전교조는 이행 시한을 미뤄 달라고 했다. 그해 12월 대통령 선거에서 뽑힐 대통령이 취임하는 이듬달인 2013년 3월까지를 요구했다. 이런 요구를 고용노동부는 거절했다. 이러는 사이인 2010년 8월 전교조가 문제 조항 문구를 약간 손봤지만 주요한 내용은 달라지지 않았고, 이 점을 전교조도 이후 재판에서 인정했다.

박근혜 정부 첫해인 2013년 9월 고용노동부 장관은 이듬달인 10월까지 해고자를 조합원으로 인정하는 규약 부칙을 바로잡고 해직 교원이 조합원으로 있지 않게 하라고 다시 시정명령을 내렸다. 이 시정명령에는 "위 시정 기한 내 시정 결과를 보고하지 않는 경우에는 교원노조법에 따른 노동조합으로 보지 않음을 알려 드립니다"라고 적혀 있었다. 이에 전교조는 조합원을 상대로 시정명령을 수용할지를 같은 해 10월 투표에 부쳤다. 수용한다면 해직 교원을 내보내고 법이 정한 노조 지위를 유지하는 것이고, 거부한다면 해직 교원을 안고 법외노조가 되는 것이었다. 전교조에 소속된 해직 교원은 아홉 명이었다. 투표 결과는 거부 68.59%, 수용 28.09%였다. 투표율 80.96%로 5만 9828명이 투표했다. 전교조 규약 개정에는 과반수 투표와 3분의 2 이상 찬성이 필요하다. 전교조가 시정명령을 거부키로 하자, 같은 달 고용노동부 장관은 "교원노조법에 의한 노동조합으로 보지 아니한다"고 통보했다.

법외노조가 되면서 전교조는 교원노조법이 보장하는 권리를 잃게 됐다. 고용노동부 장관이 법외노조로 통보한 다음 날, 교육부 장관은 전국 시·도 교육청에 공문을 보냈다. 제목은 '전국교직원노동조합 노조 아님 통보에 따른 휴직사유 소멸 통보 및 후속 조치 이행 협조 요청'이다. 내용은 "법외노조 통보에 따라 전교조는 노동조합으로서 지위 및 권한을 상실하게 됐다. 노동조합 명칭 사용, 단체교섭 등이다. 전국 시·도 교육청은 후속 조치를 이행하고 그 결과를 12월 2일까지 교육부에 보고하라." 구체적인 내용은 다섯 가지다. ① 노동조합 전임자 휴직 허가 취소 및 복직 발령 ② 전교조에 지원한 사무실 퇴거 및 사무실 지원금 회수 ③ 기존 단체협약 효력 상실 및 진행 중인 단체교섭 중지 ④ 조합비 급여 원천징수 금지 ⑤ 전교조 조합원이 단체협약에 따라 위원회 위원으로 참여한 경우 자격 상실. 이러한 불이익은 전교조가 시정명령 수용을 거부하면서 예상한 것들이다.

전교조는 법외노조 통보가 부당하다며 소를 제기했다. 두 가지다. 법외노조 통보 자체를 취소해 달라는 본안 소송과, 이 소송 결론이 나기 전까지는 일단 집행을 정지시켜 달라는 신청이다. 집행정지가 필요한 이유는 나중에 본안 소송에서 이겨도 돌이킬 수 없는 경우가 있어서다. 가령 어떤 회사가 공정거래위원회에서 과징금 300억 원을 맞았는데 이걸 내고 나면, 설령 취소 판결을 받더라도 회사는 이미 문을 닫은 상황이 그런 사례다. 전교조가 낸 집행정지 신청을 2013년 11월 서울행정법원이 받아들였다. 이유는 법외노조가 되는 전교조가 입을 손해가 나중에 승소해도 회복할 수 없는 정도여서라고 했다. "노동조합 활동이 상당히 제한될 수밖에 없는 손해를 입게 되고, 이러한 손해는 그 범위를 확정하기가 쉽지 아니하므로 '회복하기 어려운 손해'에 해당한다." 이에 따라 교육부가 전국 시 · 도 교육청에 내린 ①~⑤ 후속 조치가 멈춰졌다. 하지만 집행정지 인용이 전교조가 본안 재판에서 이길 것이란 뜻은 아니다.

전교조가 낸 집행정지 신청을 인용한 서울행정법원이 전교조가 함께 제기한 본안 사건의 결론을 이듬해인 2014년 6월 내놓았다. 재판부는 전교조 주장을 하나씩 판단했다. 우선 해직자를 조합원으로 포함시키지 않는 교원노조법 제2조가 위헌인지 봤다. 재판부는 해직자를 포함하지 못하게 정한 노동조합법 제2조와 쌍둥이 조항인데, 여기에 교원은 헌법에 따라 노동자로서 권리가 다소 제한되는 점을 생각하면 교원노조법 제2조는 더욱이나 문제가 없다고 했다. "일반적인 근로자에게 적용되는 노조법 제2조도 근로자의 헌법상 단결권을 침해하지 않는 점, 입법자는 교원 또는 교원의 노동조합의 헌법상 단결권 등에 관하여 일반적인 근로자보다 더욱 특별한 규율을 할 수 있는 점, 교원의 노동조합의 자주성 및 독립성이 훼손되면 학교 교육은 파행을 겪을 수밖에 없(는 점 등에서) 교원노조법 제2조는 교원이나 교원의 노동조합의 헌법상 단결권, 교원의 직업 선택의 자유 및 행복추구권을 본질적으로 침해한다고 보기 어렵(다)."

다음으로 법외노조로 통보하도록 한 시행령이 위헌인지가 문제였다. 법률이 위헌인지는 헌법재판소가 판단한다. 법원은 위헌이라고 생각해도 헌법재판소에 판단을 구해야 한다. 법률보다 낮은 시행령은 법원이 직접 위헌을 선언할 수 있다. 문제가 된 조항은 노동조합법 시행령 제9조 제2항이다. 교원노조법 시행령이 아닌 노동조합법 시행령이 문제 된 이유는, 교원노조법 시행령에 정해지지 않은 사항은 노동조합법 시행령을 가져다 쓰게 정해져 있기 때문이다. 노동조합법 시행령 제9조 제2항은 "노동조합이 설립신고증을 교부받은 후 노조법이 규정한 설립신고서의 반려사유가 발생한 경우에는 행정관청은 30일의 기간을 정하여 시정을 요구하고 그 기간 내에 이를 이행하지 아니하는 경우에는 당해 노동조합에 대하여 이 법에 의한 노동조합으로 보지 아니함을 통보하여야 한다"는 내용이다. 노조법이 규정한 설립신고서 반려사유 중에 '근로자가 아닌 자의 가입을 허용하는 경우'가 있다. 정리하면, 해직자를 포함하는 노동조합에 법외노조라고 통보하도록 한 시행령이 위헌이라는 게 이 부분에서 전교조의 주장이다.

이 주장도 인정되지 않으면 전교조는 패소한다. 재판부는, 시행령 제9조 제2항이 노동조합법에 따라 노동조합으로 보지 않는다는 효과가 발생하였음을 알려 주는 것에 불과하다고 했다. "노조법 시행령 제9조 제2항은 노조법에 따라 노동조합으로 보지 아니하는 효과가 발생하였음을 알려 주는 것이고, 노조법에서 규정한 사항 이외에 새로운 법률 사항을 정한 것으로 보기는 어렵다." 계속해서 법원 판단은 이렇다. "노조법 시행령 제9조 제2항은 노조법 제2조 제4호 단서에 의하여 발생한 법적 효과를 명확하게 하고 노동조합에 시정할 기회를 제공하기 위한 규정으로서 집행명령의 일종이다. 따라서 노조법 시행령 제9조 제2항이 법률의 수권 없이 규정하였거나 새로운 법률 사항에 해당하는 것을 규정하여 헌법상 위임입법의 한계를 일탈하였다고 볼 수 없으므로 원고의 주장은 이유 없다." 참고로 여기에서 말하는 노조법은, '근로자가 아닌 자의 가입을 허용하는 경우' 등을 포함하는 제2조 제4호 단서를 가리키며 교원노조법 제2조와 쌍둥이 조항이다.

2014년 6월 서울행정법원에서 패소한 전교조는, 2016년 1월 서울고등법원에서도 같은 내용으로 패소했다. 서울고등법원 판결에 앞서 2015년 5월 헌법재판소는 해직자를 노조원으로 인정하지 않는 교원노조법 제2조를 합헌이라고 결정했다.[46] 헌법재판소는 "대내외적으로 교원노조의 자주성과 주체성을 확보하여 교원의 실질적 근로조건 향상에 기여한다는 데 그 입법 목적이 있는 것으로 그 목적이 정당하고, 교원노조의 조합원을 재직 중인 교원으로 한정하는 것은 이와 같은 목적을 달성하기 위한 적절한 수단이라 할 수 있다"고 했다. 법외노조로 통보토록 한 노동조합법 시행령 제9조 제2항에 대해서는 심사 대상이 아니라며 각하했다. 헌법재판소의 결론만 추리면 이 시행령은 시행령에 따른 처분인 법외노조 통보를 법원에서 다툴 수 있다는 것이다.

사건은 대법원으로 올라갔고 이어서 정권이 바뀌었다. 박근혜 대통령이 2017년 3월 헌법재판소에서 탄핵 파면됐고, 같은 해 5월 문재인 대통령이 당선해 취임했다. 새 대통령이 이끄는 정부가 법외노조 통보를 취소하면 어떠냐는 의견이 있었다. 하지만 문재인 정부

---

46 헌법재판소 2015. 5. 28. 선고 2013헌마671 전원재판부 결정.

는 대법원 판결을 기다리면서 움직이지 않았다. 2019년 10월 전교조 전 위원장이 문재인 정부가 법외노조 통보를 취소하면 될 일이라고 비난했다. "정부가 행한 행정처분, 즉 '노조 아님 통보'를 정부 스스로 취소할 수 있(다). '대법원 판단을 기다려 보겠다'는 핑계는 참으로 군색하다. 사법부에 미룰 일이 아니다. 부당한 법외노조 통보로 피해를 감내해야 했던 세월이 박근혜 정부에서는 588일이었지만, 문재인 정부에서는 900일을 넘어서고 있다."[47] 문재인 정부가 법외노조 통보를 취소할 경우, 대법원은 소송물이 사라졌다며 사건을 각하하고 마무리하게 된다. 이렇게 되면 그다음 정부에서 다시 법외노조 통보를 살려 낼 수도 있다. 이런 맥락을 생각하면 전교조도 법적으로는 승산이 없다고 보고, 정치적 해결을 요구한 것 같다.

---

47 변성호, '법외노조 통보 6년, 문재인 정부 유감', 한겨레 2019년 10월 29일 자.

법률이 아닌 법을 선언하라는 요구

법외노조 통보를 반대의견은 설립신고 반려와 같은 성격으로 봅니다. 처음부터 결격이냐 중간부터 결격이냐만 다르다는 것입니다. 이에 대한 권순일 대법관 얘기입니다. "신고 반려라는 성격도, 해산명령과 유사한 측면도 있지만, 이에 대해 법은 침묵을 지키고 있습니다. 이 통보의 법적 성격을 아주 치밀하게 규명하기보다 적어도 법률에 근거를 두었어야 한다고 판단해, 위임입법의 한계를 넘는다고 결정한 것입니다." — 본문에서

대법원은 법외노조 통보를 취소하는 판결을 2020년 6월 내렸습니다. 이 판결에는 다수의견과 결론은 같지만 이유가 다른 두 개 별개의견 그리고 반대의견이 있습니다. 대법원 전원합의체 열세 명 가운데 전교조 대리인이던 김선수 대법관은 재판에서 빠졌습니다. 전교조 사건 상고심에 참여한 대법관 모두가 정부의 법외노조 통보가 바람직하지 않다고 봤습니다. 법외노조 통보를 취소하지 못한다는 반대의견조차 그렇습니다. 반대의견은 법외노조 통보를 취소한다는 다수의견과 별개의견을 비난하지 않습니다. 다만 사법의 한계를 지키기 위해 반대가 불가피하다고 합니다. 그래서 이렇게 말합니다, "일반론으로서는 타당할 수 있으나 이 사건에 관한 해석론으로서는

적절하다고 보기 어렵다. 법외노조 통보 제도가 남용되어서는 아니 된다는 차원에서 입법을 위한 논의로서는 경청할 만한 것이지만 현행법의 해석으로서는 받아들일 수 없다. 법원으로서는 완결된 법체계를 그 자체로 해석·적용하여 요건이 충족된 경우 그에 관한 법률효과를 부여하면 된다."

그러면서 법외노조 통보를 취소한다는 나머지 열한 명 대법관 의견들이 기묘한 이론으로 사법의 한계를 뛰어넘었다고 주장합니다. 국회가 법률을 고치든가, 정부가 법외노조 통보를 철회하든가, 헌법재판소가 위헌 결정으로 법을 없애야 할 일이라고 합니다. "국회가 법률을 개정하지 않고 있고, 대통령 및 행정부가 법집행을 보류하거나 행정입법을 개선하지 않고 있으며, 헌법재판소가 그와 같은 법령과 제도의 합헌성을 인정하고 있다면 이러한 상황은 마땅히 존중되어야 한다. 법원이 독자적인 판단에 따라 이러한 법령과 제도에 의하여 형성되고 유지되어 온 기존의 법 상태를 일거에 뒤집는 것은 설령 그와 같은 해석이 결과적으로 옳은 방향이라 하더라도 그 방식에 있어서는 결코 바람직하지 못하다. 법원이 합헌적인 법령과 제도에 의한 질서를 무시한 채 자신만의 정의를 일방적으로 선언하고 다른 국가기관에 이를 따르도록 강제하는 것은 사법의 한계를 훨씬 뛰어넘는 것으로서 오히려 입법에 가깝다. 다수의견은 법을 해석하지 않고 스스로 법을 창조하고 있다. 설령 다수의견이 궁극적으로 우리 사회가 나아가야 할 곳을 가리키고 있다 하더라도 적어도 현재로서는 다수의견의 이유와 결론을 받아들이기 어렵다." 이것이 반대의견입니다.

전교조에 대한 법외노조 통보를 취소한 의견은 세 가지입니다. 권순일 대법관을 비롯한 여덟 명 대법관이 대법원 입장인 다수의견을, 법외노조 통보 취소라는 결론만 같고 이유는 다른 별개의견을 김재형 대법관과 안철상 대법관이 각각 냈습니다. 여기에 앞서 소개한 법외노조 통보를 취소하지 못한다는 반대의견이 있습니다. 모두 네 가지 의견은 서로를 돌아가며 지적합니다. 두 가지 별개의견은 다른 논리로 전개되지만 같은 문장이 있습니다. "법원은 '법률'이 아닌 '법'을 선언해야 한다"(김재형), "원고는 '법률'이 아닌 '법'을 주장하고 있는 것이다"(안철상). 여기에서 짐작할 수 있듯이 새로운 법 해석을 두 대법관은 시도합니다. 이를 정당화하려 김재형 대법관은 "법령의 문언에 따른 해석과 그 적용이 과연 정당한 결론인지 의문이 제기되는 것"이라고 하고, 안철상 대법관은 "법은 자기목적적일 수 없으며 그 타당성을 검증받아야 한다"고 의견에 밝힙니다.

김재형 대법관은 노조법이 정한 설립신고서 반려사유인 '근로자가 아닌 자의 가입을 허용하는 경우'를 축소해서 해석합니다. 해직자는 예외라고 합니다. "'원래 조합원이었던 근로자가 해직되더라도 조합원 자격을 유지하도록 하는 경우'에는 적용되지 않는다고 보아야 한다. 이러한 목적론적 축소가 헌법 규정과 법의 원리에 부합(한다)." 이에 대한 권순일 대법관 인터뷰입니다. "형사소송이나 민사소송이라면 이해할 수 있습니다. 법원이 법령의 의미를 명확히 해서 사실관계에 적용하는 것이니까요. 하지만 행정소송은 법치행정 확보가 목적입니다. 정부가 법에 기속되는 것이 법치행정이고, 행정청의 위법한 처분을 바로잡는 것이 행정소송입니다. 김재형 대법관 의견은, 헌법 규정에 비추어 보니 법률 규정에 따른 행정청의 법집행이 잘못이라는 것입니다. 헌법을 고려해 법문을 넘어서거나 심지어 법문에 반하는 해석이 필요하다고 합니다. 이런 판단은 헌법재판소에 위헌심사를 제청해서 받을 수 있는 것입니다."

다른 별개의견인 안철상 대법관은 "전체 약 6만 명의 조합원 중 단 아홉 명이 해직 교원이라는 이유만으로 교원 노동조합 지위를 박탈하는 것이 타당(하지 않다). 정도에 따라 그 결론을 달리할 수 있는 양(量)의 문제"라고 했습니다. 논리적 근거로 기존 판례를 제시합니다. "수익적 행정처분을 철회하는 경우에는 수익적 행정처분을 철회하여야 할 중대한 공익상 필요와 그 철회로 인하여 처분 상대방이 입게 될 기득권과 신뢰 보호 및 법률생활 안정의 침해 등 불이익을 비교·형량(해야 한다)."[48] 이렇듯 노동조합 설립신고 수리를 수익적 행정처분으로 봤습니다. 이에 대한 권순일 대법관 생각입니다. "노동조합 설립신고를 수익적 행정처분으로 보는 것이 적절한지 의문입니다. 이 사건은 헌법상 근로3권인 노동조합 설립의 자유에 관한 것이고, 이는 기본권 행사라는 점을 간과한 것이라고 생각합니다. 이 별개의견은 법외노조 통보가 과도하다는 것인데, 논리적으로는 원고의 위법이 과도하다는 반대 주장도 가능합니다. 원고가 법을 위반한 것이 명백하고 시정명령과 시정요구까지 거부하는 상황에서 법외노조 통보가 잘못이냐는 주장을 반박하지 못합니다."

권순일 대법관이 참여한 다수의견은 어떤 내용일까요. 법외노조 통보 제도가 시행령에 정해져 있는데, 이 시행령이 법률에 근거를 두지 않아 위헌이고 무효라는 것입니다. 법률에 정해진 '노동조합으로 보지 아니한다'는 노동조합 개념을 정의하는 조항에 불과하며, 시행령에 있는 '노동조합으로 보지 아니함을 통보하여야 한다'가 법외노조가 되는 이유라고 합니다. "법률 규정의 '노동조합으로 보지 아니한다'는 규정은 그 자체로 법률효과를 가지는 것이 아니라 노동조합법에 의한 노동조합인지에 관한 판단 기준을 밝히고 있을 뿐이다. 법률 규정에 의하여 곧바로 법외노조가 되는 것이 아니라, 이를 이유로 한 법외노조 통보가 있을 때 비로소 법외노조가 된다." 그래

---

48 대법원 1986. 2. 25. 선고 85누664 판결, 대법원 2004. 11. 26. 선고 2003두10251, 10268 판결 등.

서 결론은 이렇습니다. "법외노조 통보는 적법하게 설립된 노동조합의 법적 지위를 박탈하는 중대한 침익적 처분으로서 원칙적으로 국민의 대표자인 입법자가 스스로 형식적 법률로써 규정하여야 할 사항이(다). 이 사건 시행령 조항은 법률의 위임 없이 법률이 정하지 아니한 법외노조 통보에 관하여 규정함으로써 헌법상 노동3권을 본질적으로 제한하고 있으므로 그 자체로 무효이다."

다수의견에 다양한 비판을 별개의견과 반대의견이 가합니다. 별개의견 대법관들은 자신들이 고육책을 쓴 이유가 있다고 항변합니다. 김재형 대법관 반론입니다. "'법률에 따른 노동조합은 아니지만 법률에 따른 노동조합이 아님을 알려 줄 수는 없다'고 보는 것은 그 자체로 모순이다. 이는 결국 '적법한 노동조합이 아니지만 적법한 노동조합이다'라고 하는 것과 다르지 않기 때문이다." 안철상 대법관 반론은 이렇습니다. "다수의견에 따르면, 노동조합 설립신고가 일단 수리되었다면 현행법상으로는 어떠한 경우에도 노동조합으로서의 지위를 부인할 수 없다는 것이 된다. 그런데 헌법상 설립이 자유인 정당도 그 목적이나 활동이 민주적 기본질서에 위배될 때에는 해산될 수 있다(헌법 제8조 제4항)." 다수의견과 별개의견을 모두 비판하는 반대의견은 명료합니다. 법원은 해결하지 못한다고 합니다. "이러한 명확하고 일의적인 법령을 달리 해석할 여지는 없다. 법원이 독자적인 판단에 따라 기존의 법 상태를 일거에 뒤집는 것은 설령 그와 같은 해석이 결과적으로 옳은 방향이라 하더라도 그 방식에 있어서는 결코 바람직하지 못하다."

권순일 대법관이 가담한 다수의견은 법률에 따라 법외노조가 되는 것이 아니라, 시행령에 따라 통보하면서 비로소 법외노조가 된다고 봅니다. 법외노조를 만드는 이렇게 중대한 문제가 법률에 근거하지 않아 위헌이라는 겁니다. 이와 달리 반대의견 등은, 법률 규정에 의해 법외노조가 되고 시행령에 의해 이를 알려 주는 것이라고 합니다. 이에 대한 권순일 대법관 얘기입니다. "법외노조 통보가 법률 규정에 따른 효과를 알려 주는 것이라거나(김재형 대법관 별개의견), 이미 법에 의해 발생한 법적 효과와 행정관청이 같은 입장이라고 알려 주는 조치(반대의견)에 불과하다고 합니다. 그렇다면 이 절차는 관념을 통보하는 것에 지나지 않아 행정소송 대상인 처분에 해당하지 않습니다. 소송도 성립하지 않아 소를 각하해야 합니다. 그런데도 별개의견은 법외노조 통보의 적법 여부를 논하고, 반대의견은 법외노조 통보가 적법하다고 합니다. 논리가 일관되지 않습니다."

시행령에 따라 법외노조가 되어 버린 것이 전교조가 처한 부당한 상황이라면 '노동조합으로 보지 아니한다'는 법률 규정은 무엇일까요. 권순일 대법관 인터뷰입니다. "노동조합이라는 용어를 정의한 규정입니다. 그 자체로 법률효과를 가지는 것이 아닙니다. 노동조합법이 정한 노동조합인지에 관한 판단 기준이고 결격사유인 주체성·자주성을 결여한 대표적인 경우를 열거한 것, 다시 말해 정의 규정의 일부에 불과하다고 다수의견은 봅니다. 법률 조항의 해석은 조항의 목적, 취지, 문언, 다른 규정들과의 관계, 즉 법체계 전체를 고려하여 합리적으로 할 필요가 있습니다." 역사적 맥락을 보자는 뜻인데 이 사건에서는 과거 노동조합 해산명령 제도를 가리킵니다. 이 문제에 관한 다수의견은 이렇습니다. "구 노동조합법은 노동조합 해산명령 제도를 규정하고 있었다. 그러나 이미 적법하게 설립되어 활동 중인 노동조합을 행정관청이 임의로 해산시킬 수 있도록 하는 것은 근로자의 단결권과 노동조합의 자주성을 침해한다는 이유에서 1987. 11. 28. 폐지되었다. 그런데 불과 약 5개월 만인 1988. 4. 15. 구 노동조합법 시행령 제8조 제2항으로 법외노조 통보 제도가 새로이 도입되었고, 이 제도가 바로 이 사건 시행령 조항을 통하여 현재까지도 그대로 유지되고 있다. 사실상 노동조합 해산명령 제도와 그 주체, 대상, 절차 및 효과 등이 모두 동일하다. 즉 법외노조 통보 제도는 본래 법률에 규정되어 있던 것으로서 국민의 대표자인 입법자의 결단에 따라 폐지된 노동조합 해산명령 제도를 행정부가 법률상 근거 내지 위임 없이 행정입법으로 부활시킨 것이다. 이 사건 시행령 조항의 위헌성을 판단함에 있어서는 위와 같은 제도의 연혁을 마땅히 고려하여야 한다."

하지만 이런 법외노조 통보를 반대의견은 설립신고 반려와 같은 성격으로 봅니다. 처음부터 결격이냐 중간부터 결격이냐만 다르다는 것입니다. 이에 대한 권순일 대법관 얘기입니다. "신고 반려라는 성격도, 해산명령과 유사한 측면도 있지만, 이에 대해 법은 침묵을 지키고 있습니다. 이 통보의 법적 성격을 아주 치밀하게 규명하기보다 적어도 법률에 근거를 두었어야 한다고 판단해, 위임입법의 한계를 넘는다고 결정한 것입니다." 대법원 판결 이후 노동조합법 시행령에 있던 법외노조 통보 제도가 2021년 7월 삭제됐습니다.

───── 이 장에서 살펴본 판결 · 결정

· 대법원 2020. 9. 3. 선고 2016두32992 전원합의체 판결 - 전교조 법외노조 통보

9장

세입자와 화재 책임

번지는 불은 누가 책임지나

아파트 건설회사 광고모델인 유명 연예인이 남편과 물리적으로 충돌해 생긴 자신의 멍들고 부은 얼굴을 언론에 공개했다. 그러자 건설회사가 채무불이행에 따른 손해배상을 요구했다. 광고모델 계약서에는 '사회적·도덕적 명예를 훼손해 회사의 제품 및 기업 이미지를 훼손하면 안 되고, 이를 위반하면 모델료 두 배를 손해배상금으로 지급한다'는 내용이 있었다. 이 사건에서 대법원은 광고모델의 이러한 행동이 채무불이행이라고 했다. ― 본문에서

경기도 광주시 2층 건물에서 2009년 불이 났다. 불은 1층 골프용품 매장과 2층 가구창고를 태웠다. 화재 원인을 소방당국과 수사기관이 조사했지만 밝히지 못했다. 건물주는 1층 골프매장 세입자를 상대로 소송을 냈다. 1층과 2층 보수 비용 2억 6000여만 원을 내라고 했다. 제1심 법원은 화재가 1층 골프매장에서 시작된 증거가 부족하다며 건물주 패소로 판결했다. 2심 법원은 화재 발생 지점을 1층 골프매장 주출입구라 판단하고, 1층 골프매장과 2층 가구창고 손해를 배상하라고 했다. 제2심 법원은 세입자가 화재 책임이 없다고 스스로 증명하지 못한 이상 화재 피해에 책임이 있다고 했다. 제2심

판결은 "화재의 발화 지점을 1층 전면 주출입구 우측 부분으로 단정할 수 없다고 하더라도 원고가 지배·관리하는 영역 내에서 발생한 것이라고 추단할 수는 없는바 피고에게 임차 목적물 보존 의무를 다하였음에 관한 입증 책임이 있음은 변함이 없다"고 했다.

이런 판결은 임차인에게 증명 책임을 지우는 오래된 대법원 판례를 따른 것이다. "임차인이 임대인 소유 건물의 일부를 임차하여 사용·수익하던 중 임차 건물 부분에서 화재가 발생하여 임차 외 건물 부분까지 불에 타 그로 인해 임대인에게 재산상 손해가 발생한 경우에, 건물의 규모와 구조로 볼 때 그 건물 중 임차 건물 부분과 그 밖의 부분이 상호 유지·존립함에 있어서 구조상 불가분의 일체를 이루는 관계에 있다면, 임차인은 임차 건물의 보존에 관하여 선량한 관리자의 주의 의무를 다하였음을 증명하지 못하는 이상 임차 건물 부분에 한하지 아니하고 그 건물의 유지·존립과 불가분의 일체 관계에 있는 임차 외 건물 부분이 소훼되어 임대인이 입게 된 손해도 채무불이행으로 인한 손해로 배상할 의무가 있다."[49] 이 판례에 따라 세입자의 책임이 1층 골프매장 외에 2층 가구창고까지 있다고 했다. 다만 발화 지점이 명확하지 않은 점 등을 고려해 손해액의 70%만 배상하라고 했다. 그래서 2억 6000여만 원의 70%인 1억 8000여만

---

49 대법원 1986. 10. 28. 선고 86다카1066 판결.

원을 주라고 했다. 사건은 대법원으로 올라갔다.

대법원 전원합의체는 사건을 받아 5년 만인 2017년 결론을 냈다. 1986년 판례를 변경해야 한다는 대법관이 열 명이었다. 따라서 결론은 사건을 파기해 고등법원으로 되돌려 보내는 파기환송이다. 그러면서도 세입자가 임차한 부분에 생긴 화재 손해, 이 사건에서는 1층 골프매장에 관해서는 종전 판례를 유지했다. 임차인이 화재가 자기 책임이 아니라고 증명하지 못하는 이상 손해를 배상할 책임이 있다고 했다. "임대차 목적물이 화재 등으로 인하여 소멸됨으로써 임차인의 목적물 반환 의무가 이행불능이 된 경우에, 임차인은 그 이행불능이 자기가 책임질 수 없는 사유로 인한 것이라는 증명을 다하지 못하면 그 목적물 반환 의무의 이행불능으로 인한 손해를 배상할 책임을 지며, 그 화재 등의 구체적인 발생 원인이 밝혀지지 아니한 때에도 마찬가지이다." 이는 민법 조항들을 해석한 결과다. "임차인은 선량한 관리자의 주의를 다하여 임대차 목적물을 보존하고, 임대차 종료 시에 임대차 목적물을 원상에 회복하여 반환할 의무를 부담한다(민법 제374조, 제654조, 제615조). 그리고 채무자가 채무의 내용에 좇은 이행을 하지 아니한 때에는 채권자는 손해배상을 청구할 수 있고, 다만 채무자의 고의나 과실 없이 이행할 수 없게 된 때에는 그러하지 아니하다(민법 제390조)."

문제는 세입자가 빌리지 않은 2층 가구창고 손해를 해결하는 방법이었다. 이 부분에 관한 1986년 대법원 판례를 다시 적으면 이렇다. "임차인은 임차 건물의 보존에 관하여 선량한 관리자의 주의 의무를 다하였음을 증명하지 못하는 이상 임차 외 건물 부분이 소훼되어 임대인이 입게 된 손해도 채무불이행으로 인한 손해로 배상할 의무가 있다." 대법관 여덟 명이 참여한 다수의견은 증명 책임 주체를 기존 임차인에서 임대인으로 바꾸었다. "임차 외 건물 부분이 구조상 불가분의 일체를 이루는 관계에 있는 부분이라 하더라도, 그 부분에 발생한 손해에 대하여 임대인이 임차인을 상대로 채무불이행을 원인으로 하는 배상을 구하려면, 임차인이 보존·관리 의무를 위반하여 화재가 발생한 원인을 제공하는 등 화재 발생과 관련된 임차인의 계약상 의무 위반이 있었고, 그러한 의무 위반과 임차 외 건물 부분의 손해 사이에 상당인과관계가 있으며, 임차 외 건물 부분의 손해가 그 의무 위반에 따라 배상하여야 할 손해의 범위 내에 있다는 점에 대하여 임대인이 주장·증명하여야 한다." 임대인이 증명해야 하는 것은 임차인이 계약을 위반했는지다. 여덟 명 대법관은 1986년 판례와 마찬가지로 계약 문제로 보고 있다.

이와 달리 계약 문제로 보면 안 된다는 대법관이 두 명 있었다. 결론은 여덟 명 대법관과 마찬가지로 파기환송이지만 이유가 달랐다. 이 별개의견은 권순일 대법관이 썼다. 불법행위에 불과할 뿐, 계약

9장 세입자와 화재 책임

위반에 따른 채무불이행이 아니라고 했다. 채무(債務)란 어떤 행위를 해야 할 의무이다. 채무불이행과 불법행위는 이렇게 다르다. 아파트 건설회사 광고모델인 유명 연예인이 남편과 물리적으로 충돌해 생긴 자신의 멍들고 부은 얼굴을 언론에 공개했다. 그러자 건설회사가 채무불이행에 따른 손해배상을 요구했다. 광고모델 계약서에는 '사회적·도덕적 명예를 훼손해 회사의 제품 및 기업 이미지를 훼손하면 안 되고, 이를 위반하면 모델료 두 배를 손해배상금으로 지급한다'는 내용이 있었다. 이 사건에서 대법원은 광고모델의 이러한 행동이 채무불이행이라고 했다. "계약 기간 동안 광고에 적합한 자신의 긍정적인 이미지를 유지함으로써 그것으로부터 발생하는 구매 유인 효과 등 경제적 가치를 유지하여야 할 계약상 의무, 이른바 품위유지 의무가 있고, 이를 이행하지 않는 경우에는 광고모델 계약에 관한 채무불이행으로 인한 손해배상 채무를 면하지 못한다."[50] 연예인이 자신의 멍들고 부은 얼굴을 공개하는 것이 불법행위는 아니지만, 이와 관련한 계약이 있으면 채무불이행이다. 불법행위이든 채무불이행이든 위법행위에 묶인다. 민법 교과서는 "채무불이행은 적법한 채권관계를 전제로 채무를 이행하지 않는 책임 문제이고, 불법행위는 특별한 관계가 없는 사이에서 가해행위 책임 문제"[51]

---

50 대법원 2009. 5. 28. 선고 2006다32354 판결.

51 송덕수, 『신 민법강의』 제14판, 박영사, 2021, 1393쪽.

라고 설명한다.

　권순일 대법관 별개의견은, 세입자가 서명한 임차계약에서 임차하지 않은 부분에 대한 화재 방지 의무까지 나오지 않는다고 한다. 임차해서 쓰던 곳에서 불이 나서 다른 곳까지 번졌다면 과실 등에 의한 불법행위가 되고 그에 따른 책임만 지면 된다는 것이다. 세입자에게는 채무불이행 책임이 불법행위 책임보다 무겁다. 불법행위 책임은 생계에 중대한 영향이 있다면 배상액을 줄여 달라고 법원에 요청할 수 있지만(민법 제765조), 채무불이행은 생계가 아무리 어렵다 해도 법원이 배상액을 줄여 주지 않는다. 소멸시효도 불법행위가 유리해서 기본적으로 손해 및 가해자를 안 날로부터 3년인 단기 소멸시효가 적용되는데(민법 제766조), 채무불이행은 일반 민사채권 소멸시효인 10년이 적용되며, 상사채권일 때 5년이다. 권순일 대법관 별개의견은 이렇게 시작한다. "임대차계약의 내용이 임차인에게 임차 외 건물 부분에 대한 손해를 방지할 의무가 있는 것으로 해석된다면, 임차인의 그러한 의무 위반으로 인하여 임차 외 건물 부분에 발생한 손해에 관하여 채무불이행 책임이 성립하지 않을 이유가 없다. 그러나 특별한 사정이 없는 한 임차인은 임차 외 건물 부분에 대한 계약상 의무를 부담하지 않고, 그러한 계약상 의무가 인정되지 않는 한 화재로 인하여 임차 외 건물 부분이 소훼된 손해를 배상하는 것은 임차인의 의무를 법률상 근거 없이 부당하게 확대하는 것이고, 채무불이행 책임에서의 손해배상의 목적인 이행이익의 배상과는 무관하다."

　권순일 대법관이 설명하는 이유는, 불법행위라는 일반적인 의무를 채무불이행이라는 특별한 의무로 둔갑시키지 말라는 것이다. "법공동체 구성원의 일반적인 의무를 당사자 간의 특별한 약정 없이 계약상 의무의 영역으로 끌어들이는 것은 채무불이행 책임과 불법행위 책임을 엄격히 구별하고 있는 우리 민법의 체계에 부합하지 않는다. 통상의 임대차관계에서 임대인이 임차인의 안전을 배려하여 주거나 도난을 방지하는 등의 보호 의무까지 부담한다고 볼 수 없다고 한 대법원 판결도 같은 맥락이라고 볼 수 있다." 이와 함께 채무불이행 간주는 의회의 입법을 무력화한다고 했다. 실화책임법은 민법 제765조를 끌어와 법원이 손해배상액을 줄이도록 정하고 있는데, 이는 채무불이행이 아니라 불법행위라는 의미라고 했다. "실화책임법은 실화의 특수성을 고려하여 실화자에게 중대한 과실이 없는 경우 민법 세765조의 특례로서 손해배상 의무자에게 실화로 인한 손해배상액 경감을 청구할 수 있도록 하고 있다. 다수의견처럼 임대인이 실화자를 상대로 채무불이행 책임을 구할 경우 실화책임법의 입법 취지를 몰각하게 될 우려가 있다."

　특히 법경제학적 관점에서도 불법행위 제도에 의하여 해결하는 것이 타당하다고 권순일 대법관은 밝혔다. "임대인은 보통 건물 유지·관리에 필요한 건축물의 구조, 설비, 용도 등에 관한 정보를 보유하고 있고, 임차인들에 관한 정보 역시 쉽게 수집할 수 있는 지위에 있다. 또한 임대인은 그 거래 비용을 차임 또는 관리비의 형태로 분산하여 임차인에게 전가시킬 수도 있다. 반면에 원인 불명의 화재임에도 임차 외 건물 부분에 대해서까지 임차인이 채무불이행으로 인한 손해배상 책임을 부담한다고 보게 되면, 임차인은 대법원 86다카1066 판결 등에서 말하는 '구조상 불가분의 일체를 이루는 관계'가 어디까지인지, 어느 정도의 주의 의무를 기울여야 하고 손해배상 책임의 범위는 어디까지가 될 것인지 예측하기 어려운 처지에 놓이게 되므로, 건물 전체에 관한 정보를 조사·수집할 필요가 있게 되는데, 설령 가능하다 하더라도 그 비용을 감당하기 어려울 것이다. 결국 건물 전체의 위험 요소는 임대인이 상대적으로 적은 비용으로 파악하여 각각의 임대차계약에서 반영시킬 수 있는 반면, 건물 일부의 임차인은 정보의 비대칭 상태에서 계약을 체결하게 되고, 이러한 상황이 효율적이지도 공정하지도 않음은 물론이다."

그래서 채무불이행으로 보는 판결은 보험 제도에 비추어 보아도 현실과 맞지 않는다고 설명한다. "보험의 이용이 보편화된 오늘날에는 불법행위에 관한 법 원칙을 적용하는 방식을 통하기보다는 보험 제도를 적절히 활용하는 것이 사회 전체적으로 더욱 효율적이다.

보험 제도를 활용하는 경우에도 잠재적 가해자와 피해자 중 누가 보험에 가입하는 것이 적절한지를 결정하는 데에는 당연히 손해배상에 관한 법 원칙을 고려하게 된다. 임대인이 1동의 건물을 여러 개의 건물 부분으로 구분하여 각각 임대차계약을 체결하는 경우, 임대인은 건물 전체를 보험 목적으로 하여 화재보험에 가입한 다음 그 보험료를 차임 등의 형태로 분산시키고, 임차인은 임대차 목적물 부분에 대하여 보험에 가입하는 것이 통상적일 뿐만 아니라 합리적이다. 이것이 별개의견이 제시하는 손해배상의 법 원칙에도 부합함은 물론이다. 그러나 대법원 86다카1066 판결 등에 따르게 되면, '구조상 불가분의 일체를 이루는 관계'가 1동의 건물 전부에 해당할 때에는 임차인으로서는 자신에게 귀책사유가 없는 경우에도 건물 전부를 대상으로 보험에 가입할 필요가 발생하는데, 이것은 거래의 현실에도 맞지 않을뿐더러 사회 전체적으로 보아도 비효율적임을 쉽게 알 수 있다."

방지 비용 < 사고 확률 × 사고 피해

"사고 방지를 위한 사전 조치를 하는 데 드는 비용(B)과 사고가 발생할 확률(P) 및 사고가 발생할 경우 피해의 정도(L)를 살펴, 'B < P·L'인 경우에는 공작물의 위험성에 비하여 사회통념상 요구되는 위험 방지 조치를 다하지 않은 것으로 보아 공작물의 점유자에게 불법행위 책임을 인정하는 접근 방식도 고려할 수 있다" — 본문에서

일본에 형사수용시설 및 피수용자 등의 처우에 관한 법률이라는 현행법이 있습니다. 제215조에서는 천재지변이 일어나 피수용자가 위태로운 경우 해방시키라고 정하고 있습니다.[52] "지진, 화재, 기타 재해가 일어난 때에 유치시설 안에 피난 방법이 없다면 유치 업무 관리자는 피유치자를 적절한 장소로 호송해야 한다. 호송할 수 없을 경우 이들을 유치시설에서 해방할 수 있다"고 합니다. 이 조항은 서구의 법을 가져다 베낀 것도 아니고, 감옥에서 사람이 죽은 사건이

---

[52] 刑事収容施設及び被収容者等の処遇に関する法律 第二百十五条 留置業務管理者は,地震,火災その他の災害に際し,留置施設内において避難の方法がないときは,被留置者を適当な場所に護送しなければならない。2 前項の場合において,被留置者を護送することができないときは,留置業務管理者は,その者を留置施設から解放することができる。

9장 세입자와 화재 책임

생겨 수습하려 만든 것도 아닙니다. 1657년 3월에 지금 도쿄인 에도에 커다란 화재가 있었습니다. 건축물 60~70%가 소실되고 사망자가 10만 명에 이른 메이레키 대화재(明歷の大火)입니다. 1666년 런던 대화재와 함께 근대에 있었던 가장 큰 화재로 꼽힙니다. 지금 도쿄 고덴마초에 있던 교도소도 불타고 있었는데 죄수를 풀어 줄 이유나 근거가 없었습니다. 모두가 타 죽는 판에 죄수를 풀어놓을 이유가 없다는 것이 상식이었습니다. 하지만 이곳 책임자 이시데 다테와키(石出帶刀)는 죄수 120여 명을 풀어 주면서 불이 꺼지면 아사쿠사의 절로 돌아오라고 했습니다. 죄수들은 빠짐없이 돌아왔고 이것이 제215조를 만든 계기가 됐습니다. 예전부터 목조건물이 많은 일본에는 화재 피해가 잦았습니다. 화재가 법률과 판례에도 영향을 주었습니다. 그리고 식민지 시절 일본과 처지가 다른 한국에도 흘러들어왔습니다.

화재 책임 대법원 사건을 해결하는 데 채무불이행이냐 불법행위냐가 왜 중요한지, 현실에서 어떤 차이가 있는지 물었습니다. "아파트 같은 한 동의 집합건물을 소유해 주택임대업을 하는 회사가 임대인이고, 임차인은 501호 같은 전유 부분에 입주한 사람이라고 합시다. 그 아파트 어디선가 불이 나 전소되었는데, 임대회사가 종전 판례이론에 따라 '건물의 규모와 구조로 볼 때 그 건물 중 임차한 부분과 그 밖의 부분이 상호 유지·존립함에 있어서 구조상 불가분의 일체를 이루는 관계'에 있으므로, '임차인이 임차 건물의 보존에 관하여 선량한 관리자의 주의 의무를 다하였음을 증명하지 못하는 이상' 임차 외 부분인 아파트 전체가 소실된 데 대한 손해까지 배상하라고 한다면 납득할 사람은 없을 것입니다. 이런 위험에 대비하는 방법 역시 입주자는 자기가 임차한 부분에 대해서만 화재보험을 드는 것으로 충분합니다. 입주자들 각자가 건물 전체에 대하여 화재보험에 드는 것은 이상합니다. 오히려 임대회사가 건물 전체에 대하여 화재보험에 들고 그 보험료를 입주자들에 대한 차임에 포함시키는 것이 합리적입니다."

이런 불합리한 현상이 기존 대법원 판례 때문에 생긴다고 권순일 대법관은 봅니다. 불합리한 판결이 불합리한 현실을 만든다는 것입니다. 계속해서 권순일 대법관 인터뷰입니다. "집합건물에 종전 판례이론을 무작정 적용하면 이런 불합리한 결과가 생기는데, 그 이유는 종전 판례이론이 임대인과 임차인 사이의 계약관계를 일정한 경우 임대차 목적물 외의 다른 부분까지 확대시켰기 때문입니다. 우선 종전 판례이론이 말하는 '건물의 규모와 구조로 볼 때 그 건물 중 임차한 부분과 그 밖의 부분이 상호 유지 · 존립함에 있어서 구조상 불가분의 일체를 이루는 관계'가 무엇을 의미하는지도 분명치 않습니다. 아마도 집합건물과 구분소유라는 법 개념이나 현대적 건축 양식이 보편화되기 이전의 일본에서 대부분 목조건물이라 일단 화재가 발생하면 건물 전체가 연소(延燒)되는 것을 막을 수 없던 시절에 임차인의 주의 의무를 강조하기 위한 데서 비롯된 것으로 보입니다. 그러한 판례가 우리나라에 도입된 것으로 추측됩니다." 도쿄대학 유학 시절 일본에 살아 보니 임차인 입장이 한국과 비교해 불리한 것이 사실입니다.

그런데 다수의견도 증명 책임을 기존 임차인에서 임대인으로 바꾸었습니다. 이 점에서는 별개의견이 주장하는 내용이 다수의견에도 있습니다. 다수의견과 별개의견이 크게 다르지 않다는 생각도 듭니다. 별개의견이 논쟁을 위한 논쟁 아닌지 물었습니다. 권순일 대법관 대답은 다수의견이 이해하기 어려운 애매한 이론이라는 것입니다. "다수의견은 '임차 외 건물 부분'의 손해에까지 계약 책임을 적용하자는 종전 판례이론을 기본적으로 유지하자는 것입니다. 다만 '임차 외 건물 부분'이 구조상 불가분의 일체를 이루는 관계에 있는 부분이라 하더라도 그에 대한 손해배상을 구하려면 임대인에게 수장·증명 책임을 지우자는 것이지요. 계약관계에서 계약불이행이 발생하면 그 귀책사유가 없다는 점에 대한 주장·증명 책임은 채무자에게 있다는 것이 채권법의 기본원칙입니다. 다수의견은 계약관계라고 하면서도 그 주장·증명 책임은 채권자에게 지우고 있는데, 그 이론적 논거는 밝히고 있지 않습니다." 다수의견이 채무불이행 책임을 불법행위 책임으로 전환하지 않으면서, 증명 책임 주체만 임차인에서 임대인으로 바꾸었다는 것입니다. 그런데 원심은 임차인 책임을 70%로 제한했습니다. 그렇다면 다수의견과 별개의견이 이론으로는 충돌하지만 실화책임법은 사실상 기능하는 것이 아닌지 물었습니다. "손해배상 사건에서 대법원 판례는 공평의 원칙을 근거로 특별한 사정이 있으면 손해배상액 제한을 인정하고 이는 사실심 전권이라는 태도를 취하고 있습니다. 원심도 임차인이 자기가 임차하지 않은 부분에 대해 게다가 원인도 모르는데 전부 책임을 지우는 것이 공평의 원칙에 맞지 않아 가혹하다고 보아 책임을 제한한 것 같습니다. 그러나 이렇게 처리할 문제는 아니라고 봅니다."

더러 임대인보다 형편이 나은 임차인도 있겠지만, 대체로 임대인이 임차인보다 화재 피해를 버텨 낼 여력이 있습니다. 임대인은 그야말로 지대를 추구하는 사람입니다. 그런데도 원인을 찾기 어려운 손해의 책임을 약자인 임차인에게 묻는 것이 일반적인지 물었습니다. "일반론으로 임대차관계에서 임대차계약의 목적물이 아닌 부분에까지 임차인에게 책임을 지우는 것은 매우 이례적입니다. 민법 제618조(임대차의 의의)를 보면 '임대차는 당사자 일방이 상대방에게 목적물을 사용, 수익하게 할 것을 약정하고 상대방이 이에 대하여 차임을 지급할 것을 약정함으로써 그 효력이 생긴다'고 정하고 있습니다. 임대차계약의 목적물이 아닌 것은 계약 범위에 들어가지 않는 것은 자명한 일이지요. 종전 판례이론은 부동산 시장 현실로 보나

9장 세입자와 화재 책임

법리적으로 보나 재검토할 때가 되었는데, 마침 적절한 사건이 대법원에 올라온 것입니다. 아파트의 한 전유 부분을 임차한 임차인이 자기가 사용, 수익하는 부분의 보존에 관하여 선량한 주의 의무를 부담하는 것은 당연합니다. 임대인이 그 일에 관여하기가 어렵기 때문입니다. 건축 문화가 바뀌었으니 사회·경제 상황의 변화에 맞추어 판례도 바뀌어야 한다는 것을 보여 주는 대표적인 사례라고 하겠지요."

　권순일 대법관은 자신이 주심인 소부 판결에서 법경제학적 분석인 핸드 공식(Hand Rule)을 한국에서 처음으로 사용했습니다. 수영장에서 물에 빠져 사지가 마비되고 두 눈을 실명한 여섯 살 어린이가 수영장을 위탁 운영하는 공단을 상대로 손해배상을 청구한 사건입니다. 제1심과 제2심 모두 피고에게 공작물 책임이 인정되지 않는다고 판단했는데, 이런 판단을 대법원이 뒤집었습니다. "사고 방지를 위한 사전 조치를 하는 데 드는 비용(B)과 사고가 발생할 확률(P) 및 사고가 발생할 경우 피해의 정도(L)를 살펴, 'B 〈 P·L'인 경우에는 공작물의 위험성에 비하여 사회통념상 요구되는 위험 방지 조치를 다하지 않은 것으로 보아 공작물의 점유자에게 불법행위 책임을 인정하는 접근 방식도 고려할 수 있다"고 한 판결입니다. 그렇게 해서 대법원은 "수영장 시설에서 성인용 구역과 어린이용 구역을 분리하지 아니함으로 인하여 어린이가 물에 빠지는 사고가 발생할 가능성과 그와 같은 사고로 인하여 예상되는 피해의 정도를 성인용 구역과 어린이용 구역을 분리하여 설치하는 데 추가로 소요되는 비용 내지 이미 설치된 기존 시설을 위와 같이 분리하는 데 소요되는 비용과 비교하면, 전자가 훨씬 더 클 것임을 충분히 예상할 수 있다. 이러한 관점에서도 이 사건 수영장에는 설치 · 보존상의 하자가 있다고 볼 수 있어, 수영장 관리자로서 위와 같은 조치를 취하지 아니한 피고에게 공작물 관리자로서의 책임이 없다고 할 수는 없다"고 했습니다.

법경제학이 재판에서 어떠한 역할을 하는지 물었습니다. "영미 보통법의 법관법 즉 판례는 오랜 기간 많은 법적 경험이 축적한 결과입니다. 법경제학으로 분석해 보면 경제이념에도 들어맞는다고 합니다. 법경제학은 대립하는 이해관계를 파악하고 조율 방법을 합리적으로 선택하는 데 도움을 줍니다. 그렇다고 법률해석 즉 법리가 아닌 사회과학적 분석으로 결론에 이르자는 것은 아닙니다. 법경제학적 분석만을 근거로 판결을 하지도 않습니다. 다만 어떠한 법률해석이 사회 현실에 어떠한 영향을 미칠 것인지 예측하고 논리를 세우는 데 도움을 줍니다." 이러한 법경제학에 관심을 두게 된 배경도 물었습니다. "1980년대 판사로 임관하고 서울민사지방법원에 있었습니다. 산업재해를 비롯한 사건 · 사고 손해배상 사건을 처리해야 했습니다. 도서관에서 비슷한 선례를 찾아보는 것이 일과였지만, 사건의 쟁점을 도출하여 여기에 적용할 법리를 제시하고, 근거와 결론의 타당성을 논증한 판결은 찾기가 어려웠습니다. 대개는 증거에 따라 사실인정을 한 다음, '위 인정사실에 의하면…' 과실이 있다거나 없다고 결론을 내렸습니다. 과실이란 무엇인가, 기준을 어디에 두어야 하나, 그러한 기준이 사회·경제적으로 어떠한 의미인가와 같은 계속되는 의문을 잠재우지 못했습니다. 이후 미국에 유학하면서 핸드 공식으로 유명한 러니드 핸드(Learned Hand) 판사 판결들[53]을 읽게 됐는데, 새로운 세상을 보는 듯한 감명을 받았습니다. 이후 법관 생활에서 어려움에 부딪히면 핸드 판사라면 어떻게 결론을 찾아갔을까 생각해 보게 됐습니다."

──────── **이 장에서 살펴본 판결·결정** ────────

· 대법원 2017. 5. 18. 선고 2012다86895 등 전원합의체 판결 – 세입자와 화재 책임
· 대법원 2019. 11. 28. 선고 2017다14895 판결 – 어린이 수영장 사고

53 The Tj Hooper, 60 F.2d 737 (2d Cir. 1932), United States v. Carroll Towing Co., 159 F.2d 169 (2d Cir. 1947).

10장

강제동원

갈등

완전히 그리고 최종적으로 해결[54·55]

> 정부가 보상할 강제동원 피해자는 '일본국에 의하여 군인·군속 또는 노무자로 소집 또는 징용되어 1945년 8월 15일 이전에 사망한 자'로 한정했다. 1974년 12월 21일 청구권보상법을 제정해 보상금을 지급했다. 8만 3519건에 91억 8769만 3000원을 지급했다. 정부가 일본에서 받은 청구권 자금 3억 달러의 9.7%이다. 이 가운데 피징용 사망자에 대한 청구권 보상금은 한 사람에 30만 원씩 8552건으로 25억 6560만 원이다.
> ─ 본문에서

재조선 미국 육군사령부 군정청은 1945년 12월 6일 군정법령 제 33호를 공포한다. 한국에 있는 일본 재산을 국유 · 사유 관계없이 미군정청에 귀속시켰다. 이러한 구 일본 재산은 대한민국 정부 수립 이듬달인 1948년 9월 20일 대한민국 정부에 이양됐다. 대한민국 정

---

54 대법원 판결에서는 강제동원이란 표현을 주로 쓴다. 징용이 국민징용령에 따른 동원만을 뜻하기도 하는 데 비해 강제동원은 관(官) 알선 방식까지 포괄한다는 설명도 있다. 그 밖에 강제징용도 몇 차례 나오는데 인용한 문장인 경우가 많으며 강제와 징용은 동어반복이기도 하다.

55 이 장에서 다루는 강제동원에 관한 사실은, 당사자들 주장을 받아 대법원이 확정한 것으로도 안성한다.

부 및 미국 정부 간의 재정 및 재산에 관한 최초 협정에 의해서다. 그리고 1951년 9월 8일 미국을 비롯한 연합국 48개국과 일본은 태평양전쟁 배상 문제를 해결하기 위해 샌프란시스코에서 평화조약을 체결했다. 1952년 4월 28일 발효한 샌프란시스코 조약 제4조(a)는 일본의 통치로부터 이탈된 지역의 시정 당국 및 그 국민과 일본 및 그 국민 간의 재산상 채권·채무관계는 위 당국과 일본 간의 특별약정으로써 처리한다는 내용을, 제4조(b)는 일본은 위 지역에서 미군정 당국이 일본 및 그 국민의 재산을 처분한 것을 유효하다고 인정한다는 내용을 정했다. 이 무렵 1951년부터 한국 정부와 일본 정부는 전후 보상 문제를 논의했다. 1952년 2월 15일 제1차 한일 회담 본회의에서 한국은 '한일 간 재산 및 청구권 협정 요강 8개항'을 제시했다. 이 가운데 '한국법인 또는 한국자연인의 일본은행권, 피징용 한국인의 미수금, 보상금 및 기타 청구권의 변제청구'가 제5항에 있다. 이후 7차례 본회의, 이를 위한 수십 차례 예비회담, 정치회담, 분과위원회 회의 등을 열었다. 1965년 6월 22일 한일 기본조약과 부속 협정인 한일 청구권협정을 맺었다. 정식 명칭은 대한민국과 일본국 간의 기본관계에 관한 조약, 대한민국과 일본국 간의 재산 및 청구권에 관한 문제의 해결과 경제협력에 관한 협정(조약 제172호)이다.

청구권협정은 전문(前文)에서 "양국 및 양국 국민의 재산과 양국 및 양국 국민 간의 청구권에 관한 문제를 해결할 것을 희망하고 …
다음과 같이 합의하였다'라고 했다. 제1조에서 '일본국이 대한민국
에 10년간에 걸쳐 3억 달러를 무상으로 제공하고 2억 달러의 차관
을 행하기로 한다'고 정했다. 제2조에서 '양 체약국은 양 체약국 및
그 국민(법인을 포함함)의 재산, 권리 및 이익과 양 체약국 및 그 국
민 간의 청구권에 관한 문제가 1951년 9월 8일에 샌프란시스코시에
서 서명된 일본국과의 평화조약 제4조(a)에 규정된 것을 포함하여
완전히 그리고 최종적으로 해결된 것이라는 것을 확인한다'고 정했
다. 이후 두 나라 의회가 각각 비준 동의해 1965년 12월 18일 비준
서를 교환함으로써 발효됐다. 한국과 일본은 후속 조치를 했다. 한
국은 1966년 2월 19일 일본에서 받은 자금을 사용하는 데 필요한
기본 사항을 정한 청구권자금법을 제정했다. 1971년 1월 19일에는
정부가 보상할 대일 민간청구권 자료를 수집하는 데 필요한 청구권
신고법을 제정했다. 정부가 보상할 강제동원 피해자는 '일본국에 의
하여 군인·군속 또는 노무자로 소집 또는 징용되어 1945년 8월 15
일 이진에 사망한 자'로 한정했다. 1974년 12월 21일 청구권보상법
을 제정해 보상금을 지급했다. 8만 3519건에 91억 8769만 3000원
을 지급했다. 정부가 일본에서 받은 청구권 자금 3억 달러의 9.7%이
다. 이 가운데 피징용 사망자에 대한 청구권 보상금은 한 사람에 30
만 원씩 8552건으로 25억 6560만 원이다. 일본은 후속 조치로 재산
권소지법[55]을 제정했다. 청구권협정 발효일인 1965년 12월 18일 시

행했다. 대한민국 또는 국민이 일본 또는 국민에게 가진 채권 또는 담보권 가운데, 청구권협정 제2조 재산·이익에 해당하는 것은 청구권협정 체결일인 1965년 6월 22일 소멸하게 한다고 했다.

강제동원 피해자 일부가 신일본제철 주식회사 등을 상대로 2005년 서울중앙지방법원에 소송을 제기했다. 이들은 소송을 제기하면서 "일제강점하에 피고의 전신인 구 일본제철의 모집 담당관이 원고들에게 기술 습득, 귀국 후 안정적인 일자리, 충분한 식사와 임금 제공 등을 보장한다면서 원고들을 회유하여 일본으로 동원하였으나, 실제로 원고들은 구 일본제철의 여러 공장에서 원고들의 의사에 반하여 자유를 박탈당한 상황에서 강제노동에 혹사당하고 임금마저 강제로 저축당하여 제대로 지급받지 못하였으므로, 구 일본제철의 후신으로서 구 일본제철의 채무를 승계한 피고가 원고들에게 각 1억 원의 위자료를 지급할 의무가 있다"고 했다. 위자료는 불법행위로 인한 정신적 손해를 배상하는 금전이다.[57] 2008년 서울중앙지방법원에서 패소했고, 2009년 서울고등법원에서도 패소했다. 2012년 퇴임을 앞둔 김능환 대법관이 주심인 소부에서 전격적으로 사건을

---

56 財産及び請求権に関する問題の解決並びに経済協力に関する日本国と大韓民国との間の協定第二条の実施に伴う大韓民国等の財産権に対する措置に関する法律' 昭和四十年法律第百四十四号.

57 민법 제751조(재산 이외의 손해의 배상) ①타인의 신체, 자유 또는 명예를 해하거나 기타 정신상 고통을 가한 자는 재산 이외의 손해에 대하여도 배상할 책임이 있다.

뒤집었다. 이런 판결이 나오는 걸 소부 대법관들 외에는 대법원에서도 아는 사람이 별로 없었다. 대법원은 항소심 판결이 잘못됐다며 파기해 돌려보냈다. 2013년 서울고등법원은 대법원 취지대로 원고들에게 위자료 1억 원씩을 지급하라고 판결했고, 사건은 다시 대법원에 올라갔다. 대법원은 5년 동안 결론을 내지 않고 있다가 2018년 상고를 기각해 판결을 확정했다. 이 판결에는 원고에게 위자료를 주어야 한다는 다수의견, 다수의견과 결론은 같지만 이유가 다른 별개의견, 일본 기업에 위자료를 요구할 수 없다는 반대의견이 있다.

다수의견은 식민지배가 불법이기에 일본제철의 행위도 불법이며, 이에 반해 청구권협정은 불법 지배에 대한 배상이 아니었다고 한다. 따라서 불법행위로 인한 위자료를 지급하라는 것이다. "구 일본제철의 원고들에 대한 행위는 당시 일본 정부의 한반도에 대한 불법적인 식민지배 및 침략전쟁의 수행과 직결된 반인도적인 불법행위에 해당하고, 이러한 불법행위로 인하여 원고들이 정신적 고통을 입었음은 경험칙상 명백하다. 청구권협정은 일본의 불법적 식민지배에 대한 배상을 청구하기 위한 협상이 아니라 기본적으로 샌프란시스코 조약 제4조에 근거하여 한일 양국 간의 재정적·민사적 채권·채무관계를 정치적 합의에 의하여 해결하기 위한 것이었다고 보인다." 이어서 이 사건에 관해 구체적으로 밝힌다. "샌프란시스코 조약이 체결된 이후 곧이어 제1차 한일 회담이 열렸는데, 그때 한국

측이 제시한 8개 항목도 기본적으로 한일 양국 간의 재정적 · 민사적 채무관계에 관한 것이었다. 위 8개 항목 중 제5항에 '피징용 한국인의 미수금, 보상금 및 기타 청구권의 변제청구'라는 문구가 있지만, 8개 항목의 다른 부분 어디에도 일본 식민지배의 불법성을 전제로 하는 내용은 없으므로, 위 제5항 부분도 일본 측의 불법행위를 전제로 하는 것은 아니었다고 보인다. 따라서 위 '피징용 한국인의 미수금, 보상금 및 기타 청구권의 변제청구'에 강제동원 위자료 청구권까지 포함된다고 보기는 어렵다."

역사적으로 샌프란시스코 평화조약은 패전국 일본의 배상 책임을 정리한 것이고, 한일 청구권협정도 두 나라의 청구권 문제가 '완전히 그리고 최종적으로 해결됐다'고 했다. 이를 다수의견은 어떻게 넘어섰을까. "청구권협정 제2조 1에서는 '청구권에 관한 문제가 샌프란시스코 조약 제4조(a)에 규정된 것을 포함하여 완전히 그리고 최종적으로 해결된 것'이라고 하여, 위 제4조(a)에 규정된 것 이외의 청구권도 청구권협정의 적용 대상이 될 수 있다고 해석될 여지가 있기는 하다. 그러나 위와 같이 일본 식민지배의 불법성이 전혀 언급되어 있지 않은 이상, 위 제4조(a)의 범주를 벗어나는 청구권, 즉 식민지배의 불법성과 직결되는 청구권까지도 위 대상에 포함된다고 보기는 어렵다." 참고로 샌프란시스코 조약 제4조(a)는, 일본과 그 국민 그리고 식민지와 그 국민 사이의 재산상 채권 · 채무는 이들 나라 사이의 특별약정으로 처리한다는 내용이다.

　1965년 청구권협정에서 한국이 강제동원 피해를 구체적으로 언급한 사실은 어떻게 판단했을까. 협상에서 유리한 고지를 점하기 위해 한 발언에 불과하다고 했다. "1961. 5. 10. 제5차 한일 회담 예비회담 과정에서 대한민국 측이 '다른 국민을 강제적으로 동원함으로써 입힌 피징용자의 정신적, 육체적 고통에 대한 보상'을 언급한 사실, 1961. 12. 15. 제6차 한일 회담 예비회담 과정에서 대한민국 측이 '8개 항목에 대한 보상으로 총 12억 2000만 달러를 요구하면서, 그중 3억 6400만 달러(약 30%)를 강제동원 피해보상에 대한 것으로 산정(생존자 1인당 200달러, 사망자 1인당 1650달러, 부상자 1인당 2000달러 기준)'한 사실 등을 알 수 있기는 하다. 그러나 위와 같은 발언 내용은 대한민국이나 일본의 공식 견해가 아니라 구체적인 교섭 과정에서 교섭 담당자가 한 말에 불과하고, 13년에 걸친 교섭 과정에서 일관되게 주장되었던 내용도 아니다. '피징용자의 정신적, 육체적 고통'을 언급한 것은 협상에서 유리한 지위를 점하려는 목적에서 비롯된 발언에 불과한 것으로 볼 여지가 크고, 실제로 당시 일본 측의 반발로 제5차 한일 회담 협상은 타결되지도 않았다. 또한 위와 같이 협상 과정에서 총 12억 2000만 달러를 요구하였음에도 불구하고 정작 청구권협정은 3억 달러(무상)로 타결되었다. 이처럼 요구액에 훨씬 미지지 못하는 3억 달러만 받은 상황에서 강제동원 위자료 청구권도 청구권협정의 적용 대상에 포함된 것이라고는 도저히 보기 어렵다."

그렇다면 청구권협정 이후 일본에서 받은 청구권 자금 3억 달러 가운데 피징용 사망자에게 지급한 8만 3519건 91억 8769만 3000원은 무엇일까. 그 돈은 일본이 징용공을 배상한 것이 아니라 한국 정부가 인도적으로 나누어 준 것이라고 했다. 이를 위해 1965년 한일 청구권협정의 효력 범위 문제 및 이에 따른 정부 대책 방향 등을 논의한, 2005년 '한일회담 문서공개 후속대책 관련 민관공동위원회'의 의견을 인용했다. "2005년 민관공동위원회는, 청구권협정 당시 정부가 수령한 무상자금 중 상당 금액을 강제동원 피해자의 구제에 사용하여야 할 '도의적 책임'이 있었다고 하면서, 1975년 청구권보상법 등에 의한 보상이 '도의적 차원'에서 볼 때 불충분하였다고 평가하였다. 그리고 그 이후 제정된 2007년 희생자지원법 및 2010년 희생자지원법 모두 강제동원 관련 피해자에 대한 위로금이나 지원금의 성격이 '인도적 차원'의 것임을 명시하였다." 이렇게 이론을 구성해서 대법원은 신일철주금[58]의 패소를 확정했다.

---

58 신일본제철은 2012년 스미토모금속공업과 합병해 신일철주금(新日鐵住金)이 셨나기, 2019년 다시 일본제철(日本製鉄)로 상호를 변경했다.

정당한 보상을 해야 할 책무

"조약은 국가 사이 거래의 산물이어서 법의 이념인 정의에 부합하는 것도 아니고, 체약국 국민의 법감정에 맞지 않는다고 이행을 거부할 수도 없습니다. 그런데 한일 청구권협정은 조약 자체에 분쟁 해결 방법에 관한 규정을 두고 있습니다. 협정 제3조는 이 협정의 해석 및 실시에 관하여 양국 간에 분쟁이 발생할 경우 우선 외교상의 경로를 통하여 해결하고, 이렇게 해결할 수 없을 때는 이 협정에 규정된 방식으로 구성한 중재위원회의 결정에 따른다고 정하고 있습니다." — 본문에서

강제동원 피해자의 위자료 청구권은 1965년 청구권협정에도 불구하고 살아 있다는 것이 대법원 다수의견입니다. 그렇다면 한국과 일본이 의회 비준 동의를 거쳐 체결한 조약인 청구권협정의 의미는 무엇인지 의문이 남습니다. 대법원 판결에는 일본 기업이 위자료를 물어야 한다는 결론은 같지만 이유가 다른 별개의견이 있습니다. 별개의견은 청구권협정으로 외교적 보호권만 사라졌다는 이유를 듭니다. 이와 함께 일본 기업에 위자료를 청구하지 못한다는 반대의견도 있습니다. 청구권협정으로 청구권이 사라졌다는 내용입니다. 그런데 대법원 전원합의체 판결 이후 다른 강제동원 피해자가 제기한

소송이 하급심에서 잇따라 패소했습니다. 하급심이 오래되지 않은 대법원 판결을 거스를 때는 보통 새로운 이론을 제시합니다. 하지만 개중에는 다른 근거를 들지 않고 대법원 반대의견을 그대로 옮긴 사례도 있습니다. 이처럼 강제동원 위자료 청구 사건의 대법원 결론은 논리적으로 명쾌하지 못했습니다. 별개의견과 반대의견은 다수의견이 어떤 점에서 문제라고 보았을까요.

다수의견의 치명적인 약점은 식민지가 불법이라고 새삼스레 주장해 주요한 논거로 삼는다는 것입니다. 대한민국 대법원이 일본제국의 식민지 시절을 합법으로 생각해 왔다고도 읽힙니다. 이런 점에서 다수의견은 식민지가 불법이라는 대전제를 스스로 허물고 있습니다. 이 지점을 별개의견은 지적합니다. "(청구권협정) 제5항은 피징용 청구권과 관련하여 '보상금'이라는 용어만 사용하고 '배상금'이란 용어는 사용하고 있지 않다. 그러나 그 '보상'이 '식민지배의 적법성을 전제로 하는 보상'만을 의미한다고 보기는 어렵다. 위와 같이 협상 과정에서 양측이 보인 태도만 보더라도 양국 정부가 엄밀한 의미에서의 '보상'과 '배상'을 구분하고 있었다고는 보이지 않는다. 오히려 양국은 '식민지배의 불법성을 전제로 한 배상'도 당연히 청구권협정의 대상에 포함시키는 것으로 상호 인식하고 있었다고 보인다." 박정희 정부가 일본에서 받아 강제동원 피해자에게 나눠 준 8552건 25억 6560만 원도, 인도적 지원이 아니라 청구권 포기에 따

10장 강제동원

른 보상이라고 봅니다. "대한민국은 일본에 의하여 노무자로 징용
되었다가 1945. 8. 15. 이전에 사망한 자의 청구권을 청구권협정에
따라 보상하는 민간청구권에 포함시켜 그 피징용 사망자에 대한 신
고 및 보상 절차를 마쳤다. 이는 강제동원 피해자의 손해배상 청구
권이 청구권협정의 적용 대상에 포함되어 있음을 전제로 한 것으로
보인다." 그러면서도 강제동원 피해자들이 일본 기업에서 위자료를
받을 수 있다고 합니다. 이유는 청구권협정으로 소멸된 것은 외교
적 보호권뿐이라는 것입니다. "원고들의 개인청구권 자체는 청구권
협정만으로 당연히 소멸한다고 볼 수 없고, 다만 청구권협정으로 그
청구권에 관한 대한민국의 외교적 보호권이 포기됨으로써 일본의
국내 조치로 해당 청구권이 일본 내에서 소멸하여도 대한민국이 이
를 외교적으로 보호할 수단을 상실하게 될 뿐이다." 별개의견은 주
심 김소영 대법관이 썼습니다.

권순일 대법관은 반대의견을 썼습니다. 다른 대법관 한 사람이
가담했습니다. 별개의견의 외교적 보호권 한정 포기설을 이렇게 반
박합니다. "대한민국은 청구권협정 체결 후 청구권보상법, 2007년
및 2010년 희생자지원법 등을 제정하여 강제징용 피해자들에게 보
상금을 지급하였다. 이는 청구권협정에 따라 대한민국 국민이 소송
으로 청구권을 행사하는 것이 제한된 결과 대한민국이 이를 보상
할 목적으로 입법 조치를 한 것이다. '외교적 보호권 한정 포기설'

에 따르면 대한민국이 위와 같은 보상 조치를 취할 이유를 찾기 어렵다. 별개의견이 대한민국에서 청구권자금법 등 보상입법을 통하여 강제동원 피해자에 대하여 이루어진 보상 내역이 실제 피해에 대비하여 매우 미흡하였다는 점을 들어 청구권협정의 효력을 해석하는 근거로 삼는 것도 받아들이기 어렵다. 일괄처리협정(lump sum agreements)에 따라 국가가 보상이나 배상을 받았다면 그 국민은 상대국 또는 그 국민에 대하여 개인청구권을 행사할 수 없는 것이고, 이는 지급받은 자금이 실제로는 피해 국민에 대한 보상 용도로 사용되지 않았더라도 달리 볼 수 없기 때문이다."

그리고 두 나라 사이에 청구권 자체는 남아 있을 수 있지만, 적어도 법원에 소를 제기해서 실현할 수는 없는 상태라고 설명합니다. "청구권협정 제2조 1은 청구권에 관한 문제가 '완전히 그리고 최종적으로 해결된 것이 된다는 것을 확인한다'라고 규정하고 있고, '완전하고도 최종적인 해결'에 이르는 방식은 제2조 3에서 규정하고 있는 '어떠한 주장도 할 수 없는 것으로 한다'라는 문언에 의하여 실현된다. 그런데 '어떠한 주장도 할 수 없는 것으로 한다'라는 문언의 의미는 청구권에 관한 대한민국의 외교적 보호권만을 포기한다는 뜻으로 해석할 수 없고, 그렇다고 청구권 자체가 실체법적으로 소멸되었다는 의미라고 단정하기도 어렵다. 그렇다면 '어떠한 주장도 할 수 없는 것으로 한다'라는 문언의 의미는 결국 '대한민국 국민이 일

10장 강제동원

본이나 일본 국민을 상대로 소로써 권리를 행사하는 것이 제한된다'
는 뜻으로 해석할 수밖에 없다." 그러면서 징용공에게 배상할 책임
이 한국 정부에 있다고 지적합니다. "청구권협정이 헌법이나 국제
법을 위반하여 무효라고 볼 것이 아니라면 그 내용이 좋든 싫든 그
문언과 내용에 따라 지켜야 하는 것이다. 청구권협정으로 개인청구
권을 더 이상 행사할 수 없게 됨으로써 피해를 입은 국민에게 지금
이라도 국가는 정당한 보상을 하여야 한다. 대한민국은 피해 국민의
소송 제기 여부와 관계없이 정당한 보상이 이루어지도록 할 책무가
있으며 이러한 피해 국민에 대하여 대한민국이 소송에서 그 소멸시
효 완성 여부를 다툴 것도 아니라고 본다."

대법원 전원합의체에서 다루는 1965년 한일 청구권협정은 조약
입니다. 국가가 체결한 조약이 정의롭지 않거나 부당한 것이라고 느
껴지면 어떻게 해야 할까요. 권순일 대법관에게 물었습니다. "헌법
제6조 제1항은 헌법에 의하여 체결·공포된 조약은 국내법과 같은
효력을 가진다고 정하고 있습니다. 조약은 국가 간에 체결된 약정으
로 국제법의 일부입니다. 정부가 체결한 조약의 내용이 부당하거나
헌법에 반한다면 국회에서 조약의 비준을 거부하거나 법원에서 무
효를 선언해야 합니다. 조약은 국가 사이 거래의 산물이어서 법의
이념인 정의에 부합하는 것도 아니고, 체약국 국민의 법감정에 맞지
않는다고 이행을 거부할 수도 없습니다. 그런데 한일 청구권협정은

조약 자체에 분쟁 해결 방법에 관한 규정을 두고 있습니다. 협정 제3조는 이 협정의 해석 및 실시에 관하여 양국 간에 분쟁이 발생할 경우 우선 외교상의 경로를 통하여 해결하고, 이렇게 해결할 수 없을 때는 이 협정에 규정된 방식으로 구성한 중재위원회의 결정에 따른다고 정하고 있습니다. 대법원 강제징용 판결 이후 일본 정부가 이 문제 해결을 위해 정부 간 협의와 중재위원회 구성을 요청했습니다. 하지만 한국 정부가 사실상 무대응으로 일관하다가 뒤늦게 거부했습니다. 과연 헌법상 국제법 존중 원칙에 맞는지 되짚어 볼 필요가 있습니다."

그렇다면 조약을 해석하는 기준은 무엇인지 물었습니다. "1969년 조약법에 관한 비엔나 협약(Vienna Convention on the Law of Treaties)을 적용해야 합니다. 법원의 임무는 비엔나 협약 제31조(해석의 일반규칙), 제32조(해석의 보충적 수단) 등을 근거로 조약의 의미를 밝혀내어 확정하는 일입니다. 이 일과는 별개로 강제동원에 관한 한일 양국 사이의 외교적 분쟁을 해결하는 것은 정치기관인 국회와 행정부가 해야 할 일입니다. 다수의견이나 별개의견은 한일 청구권 협정의 해석 기준이 비엔나 협약에 명확하게 규정되어 있다는 점을 애써 외면하고 있지 않은가 생각합니다." 이와 관련해 다수의견은 판결 서두에서 '조약은 전문·부속서를 포함하는 조약문의 문맥 및 조약의 대상과 목적에 비추어 그 조약의 문언에 부여되는 통상적인 의미에 따라 성실하게 해석되어야 한다'고 선언하고 있습니다. 하지만 청구권협정 대상에 강제동원 위자료가 포함되지 않는다고 밝히고만 있을 뿐, 이후 조약을 구체적으로 분석하지는 않습니다.

반대의견에는 '대한민국이 소송에서 그 소멸시효 완성 여부를 다툴 것도 아니라고 본다'는 대목이 있습니다. 한국 정부가 강제동원 피해자의 배상 요구를 받았지만 소멸시효를 주장하며 거부했다는 점을 지적한 것입니다. 강제동원 피해자들은 2009년 한국 정부를 상대로 손해배상을 청구했는데 정부가 소멸시효를 주장했고 정부가 승소했습니다.[59] 이런 문제를 반대의견은 별다른 설명 없이 건조하게만 적어 두었습니다. 권순일 대법관에게 배경을 물었습니다. "대한민국 정부가 강제징용 피동원자의 피해 배상금 명목으로 청구권 자금을 일본에서 수령한 것도 사실이고, 그러한 명목으로 수령한 돈을 피해자 배상이 아닌 경제개발 자금으로 사용한 것도, 그때 피해자 배상이 턱없이 부족했던 것도 사실입니다. 이러한 징용 피해자의 배상 청구권이 완전히 실현되지 못하고 침해된 채로 남아 있다면, 이를 보상할 책무는 기본적으로 국가와 정부에 있습니다. 그렇지만 헌법재판소는 2008년 시행한 국외강제동원자지원법은 너무나 적은 위로금[60]을 주어 위헌이라는 강제징용 피해자의 헌법소원

---

59 대법원 2012. 5. 10. 선고 2012다12863 판결.

에, 시혜적으로 주는 돈이니 기본권 침해가 없다고 했습니다.[61] 국회에서 징용 피해자에게 정부가 위자료를 추가로 지급하는 법률안을 통과시켰으나 대통령이 재정의 어려움을 이유로 거부권을 행사한 적도 있습니다. 다시 말하지만 국민의 기본권을 보장할 책무는 국가에 있습니다. 별개의견이 지적한 대로, 대한민국은 일본을 상대로 '피징용자의 정신적 육체적 고통에 대한 보상을 요구하는 것'이라면서 '나라로서 청구하는 것이며, 피해자 개인에 대한 보상은 국내에서 조치할 성질의 것'이라고 입장을 밝히기도 했습니다. 그렇다면 피해자 보상은 정부가 책임질 일이지 피해자로 하여금 일본 정부나 일본 국민을 상대로 소송을 하도록 미룰 일은 아니라고 봅니다."

헌법재판소는 국내 강제동원 피해자를 국가가 전혀 보상하지 않는 것은 위헌이라는 소송에서도 합헌을 선고했습니다.[62] 이 결정에는 반대의견이 있었습니다. "대한민국 정부 수립 후 60년이 지났고, 우리나라가 경세대국이 되었음에도 불구하고 이를 위한 입법 조치를

---

60 태평양전쟁 전후 국외 강제동원희생자 등 지원에 관한 법률 제4조 (위로금) 국가는 강제동원희생자 또는 그 유족에게 다음 각 호의 구분에 따라 위로금을 지급한다. 1. 국외로 강제동원되어 사망하거나 행방불명된 경우에는 강제동원희생자 1인당 2천만원 ('대일민간청구권 보상에 관한 법률' 제4조 제2항에 따라 금전을 지급받은 경우에는 강제동원희생자 1인당 234만원을 뺀 금액으로 한다) 2. 국외로 강제동원되어 부상으로 장해를 입은 경우에는 강제동원희생자 1인당 2천만원 이하의 범위 안에서 장해 정도를 고려하여 대통령령으로 정하는 금액.

61 헌법재판소 2015. 12. 23. 선고 2010헌마620 전원재판부 결정.

62 헌법재판소 2012. 7. 26. 선고 2011헌바352 전원재판부 결정.

취하지 않고 있는 것은 국가책무의 우선순위나 공평의 관점에서도 입법재량의 한계를 넘는 입법의무불이행으로서 헌법에 위반된다고 할 것이다."

　개인이 입은 전쟁 피해를 국가가 해결하는 것은 부당하다는 의견이 있습니다. 이에 대해 물었습니다. "20세기 국가공법은 전후 처리 문제 등에서 피해자인 개인의 손해 회복은 국가 간의 협정에 의하여 해결할 문제라고 했고, 이에 대해서는 21세기 들어 비판론도 대두하는 것으로 알고 있습니다. 그러나 이러한 학설의 변화가 1960년대 체결된 한일 청구권협정의 해석에 직접적으로 영향을 미치는지는 의문입니다." 대법원 전원합의체가 일본 기업에 강제동원 피해자에게 배상하라고 판결했지만, 피해자들이 실제로 배상을 받지는 못하고 있습니다. 일본 기업의 국내 재산에 대한 매각이 절차도 쉽지 않고 외교적 해결 가능성도 보이지 않아서입니다. 반대의견을 집필한 대법관으로서 어떻게 생각하는지 물었습니다. "외교적 분쟁 해결이 바람직한지 나아가 과연 어떻게 대처하는 것이 적절한지 등은 사법적 논의의 영역을 넘는 것으로 보입니다." 전원합의체의 반대의견 결론과 같이 일본 기업에 징용공의 정신적 피해를 배상할 책임이 없다는 하급심도 잇따르고 있습니다. 이에 대해서도 물었습니다. "전직 대법관으로서 하급심 판결의 당부는 제 입장에서는 언급하기가 어렵습니다."

─── **이 장에서 살펴본 판결·결정** ───

· 대법원 2018. 10. 30. 선고 2013다61381 전원합의체 판결 – 강제동원 위자료 청구

대법원 전원합의체의
거의 모든 것 1

1판 1쇄 펴냄 2022년 3월 15일
1판 2쇄 펴냄 2024년 6월 25일

지은이 이범준

주간 김현숙 | **편집** 김주희, 이나연
디자인 이현정, 전미혜
마케팅 백국현(제작), 문윤기 | **관리** 오유나

펴낸곳 궁리출판 | **펴낸이** 이갑수

등록 1999년 3월 29일 제300-2004-162호
주소 10881 경기도 파주시 회동길 325-12
전화 031-955-9818 | **팩스** 031-955-9848
홈페이지 www.kungree.com
전자우편 kungree@kungree.com
페이스북 /kungreepress | **트위터** @kungreepress
인스타그램 /kungree_press

ISBN 978-89-5820-761-0   03360

책값은 뒤표지에 있습니다.
파본은 구입하신 서점에서 바꾸어 드립니다.

이 책은 한국언론진흥재단의 저술지원으로 출판되었습니다.